捧读

触及身心的阅读

这样写作文，我家孩子上了北大

●阿吾——著●

中国友谊出版公司

图书在版编目（CIP）数据

这样写作文，我家孩子上了北大 / 阿吾著. -- 北京：中国友谊出版公司，2021.8

ISBN 978-7-5057-5256-6

Ⅰ. ①这… Ⅱ. ①阿… Ⅲ. ①作文课－中小学－教学参考资料 Ⅳ. ①G634.343

中国版本图书馆 CIP 数据核字（2021）第 121755号

书名 **这样写作文，我家孩子上了北大**

作者 阿吾

出版 中国友谊出版公司

发行 中国友谊出版公司

经销 新华书店

印刷 宝蕾元仁浩（天津）印刷有限公司

规格 880×1230 毫米 32 开

7 印张 145 千字

版次 2021 年 8 月第 1 版

印次 2021 年 8 月第 1 次印刷

书号 ISBN 978-7-5057-5256-6

定价 49.80 元

地址 北京市朝阳区西坝河南里 17 号楼

邮编 100028

电话 （010）64678009

contents

目录

第十二讲 作文练习（三）

第十三讲 素写静物组合（一）

第十四讲 素写静物组合（二）

自序

从感动开始写作

如果让我为自己五十有六的人生评选十大“意想不到的事件”，其中一定会有过去三年教中小学生写作文这件事。

2017年8月的一天，我突然感叹，在惠州前前后后生活了20多年，需要感恩这座城市，于是决定做一次公益性质的亲子作文讲座，帮助为孩子写作文大伤脑筋的家长们。可是一场台风把原定于2017年8月的讲座“刮”到了2018年1月。这个意外让我的心近半年都牵挂着这场讲座。我每个月都会在繁忙的工作之余抽出一两个晚上修改完善讲座的PPT。可以说，我为这个公益讲座所做的准备就是本书的雏形。

我的讲座得到几十位学生和家长的欢迎，也算得上小小的轰动。现场就有家长建议我开办一家作文培训机构，并说他们的孩子预先报名。我为此深受鼓舞和启发，开始关注国内的作文培训市场，并利用2018年春节假期为家长写了一本书——《从感动开始写作》。当年暑假举办第一期中小学生作文培训班，我的教案和课件主要来源于这本书。

我之所以想把自己的作文经验分享给孩子和家长，一方面是出于我自己的成长经历，另一方面是出于我辅导孩子写作文的经验。

我出生于上个世纪60年代中期。高中时，社会上流行的一句话是“学好数理化，走遍全天下”。我也受这个观念影响，成了理科强，语文成绩中等的理科生。为了提高总成绩，我决定靠作文提分。尽管我当时才15岁，但认为文学源于真实生活，并在这种观念引导下，写了名为《白太阳》的习作。写的是一天下午放学回家的路上，我注意到小河里有一颗白色太阳的倒影，抬头看天，太阳在乌云密布的天上果然是白色的。红太阳的意象早已深入人心，一颗白色的太阳立刻震撼了我的心灵。

1981年9月，16岁的我考入北京大学地理系地貌与第四纪专业就读。北大给了我极大的自由空间。当我迷失于社会流行价值取向时，个人兴趣再次引领了我。1982年初，我的兴趣转移到了文学艺术和哲学上，立志做一名诗人和思想者。正是持之以恒地写诗，我练就出高超的描述技巧，并总结出素写的“一招制胜”。1985年，我从北大毕业，进入中国社会科学院研究生院哲学系读研，研究方向是西方科学哲学。1986年寒假，我在从北京回重庆的特快列车上，一挥而就写出《看我中国》等诗，当年发表在《诗刊》首届“大学生诗作”的头条位置，算是我的处女作。

1988年7月，我从社科院研究生院毕业，分配到《光明日报》社文艺部工作，开始专业的文学和新闻生涯。在这里，我主要从事《文学评论》版面的采访、编辑工作，有机会广泛接触国内一线的作家、评论家。当年我有一个小小的“发现”，就是这些一线的作家、评论家，每一位的口才都相当了得。后来我才明白，从写作的心理机制上讲，只要不是哑巴，能写的一定能说，但能说的不一定能写。换言之，学生初学写作文先要练好说。

1994 年 6 月，我从记者、编辑岗位跨界到一家大型电子企业工作，分管品牌推广、公关与新闻，写文章依然是我的常用本领。我写过的文章类型不可谓不多，诗歌、小说、戏剧、散文、论文、新闻稿、广告词、产品说明书、领导讲话稿，真是应有尽有，但万变不离其宗，无非都要做到抓人眼球、撼动人心，描述准确生动、说理清楚有据。这种以写作为根本，不断变换应用场景的历练，让我积累了丰富的写作经验，这对我过去三年的作文教学极有帮助。

我家二儿子跟我一样，在重庆接受的中小学教育，2015 年考入北京大学社会学系，2019 年毕业后被美国哈佛大学教育学院国际教育政策专业录取，2020 年 5 月硕士毕业，现在美国从事教育研究工作。他开始也是数学很好，语文一般。他上初一的时候，我觉得一位诗人的孩子，作文写得不怎么样实在说不过去，于是用“感动作文”的方法训练他写作文。当年他已住校，我要求他每周按照我的方法写一篇作文，内容自选，题目自定。这样练了两个月，他的作文水平大大提高，屡屡成为班上的范文，高二时选择了学文科。

据我调查，目前中小学生写作文主要存在三个方面的困难：一是没有东西可写，或者说看着题目不知道写什么；二是写不好，记流水账、凌乱、空洞是常见现象；三是语言不好，即使背诵了一些名篇范文，也用不上或用得不恰当。

我把自己40年的写作经验总结为三大训练，第一个是感动体验训练，专门解决学生没有东西可写的困难。感动体验训练包括爱心训练、感官激活训练和生活拓展三个模块。第二个是素写训练，就是训练学生用朴素的语言把事物、人物、故事写得清楚明白，专门解决学生写不好的困难。第三个是个性化语言训练，专门解决学生语言平淡的困难，包括演讲训练、寻找个人语言风格训练、个人语言风格形成训练等。本书第一至第八讲是感动体验训练的内容，第九至十六讲是素写训练的内容，第十七讲是个性化语言训练的内容。

作文是一门技能型课程，学生能力的提升，在知晓一定的知识以后主要靠的是训练。训练的理念是否正确、训练的方法是否恰当决定了训练效果。许多家长，包括部分作家，认为写好作文第一重要的是阅读。这个理念就不正确。我认为，学生写好作文第一重要的是生活，第二重要的才是阅读。学生作文写什么？其实写的就是他们对生活的感受。学生缺少对生活的观察，很少从生活中得到自己独特的感受，自然没有东西写，想写好很难。阅读的作用是什么？就是看别人怎么写，了解间接经验，借鉴过来写自己对生活的体验。他山之石，可以攻玉。学生有了一定的生活积累，再有一定的阅读量，双管齐下，写好作文就不在话下。生活与阅读，两者跟作文的关系就是这样。

是为序。

阿吾

惠沙堤一路一号阿吾教育

2021 年 2 月 23 日

第一讲　好作文的标准

第一节：社会上流行的好作文标准

✎ 1. 请同学们思考

你心目中的好作文是什么样的？

（1）________________

（2）________________

（3）________________

（4）________________

✎ 2. 四种流行标准

如果我们去百度上搜索“好作文的标准”，将会弹出几百页答案，其中最有代表性的是下面四条：

（1）文面洁、语言美、结构新、思想深。

（2）切合题意、中心突出、内容充实、感情真挚、结构严谨、语言流畅。

（3）评分构成：审题评分、拟标题评分、文章开头评分、正文部分评分、结尾部分评分、语言评分、书写评分、字数评分。

（4）“十好要求”：审题好、立意好、选好材、分好段、定好体、列好纲、开好头、结好尾、表好情、写好字。

✎ 3. 对四种流行标准的评述

第（1）种观点的 4 条确实是很重要的标准，问题是学生们如何做到？特别是“思想深”如何做到？从中小学生的实际情况来看，难度太大。

第（2）种观点的6条除了“结构严谨”和“语言流畅”这两条外，把第（1）种观点中的“思想深”细化为“切合题意、中心突出、内容充实、感情真挚”这4条。对于中小学生来说，难度和第（1）种观点区别不大。

第（3）种观点的8条可以看作是中小学考试中老师对学生作文的评分标准，具体考察作文题目、开头、正文、结尾的内容与思想。这样的标准虽然在作文评分结构上进行了细化，但是也没有对题目、开头、正文、结尾的好坏提出标准，更不说给出帮助和建议。

第（4）种观点的10条标准，看起来面面俱到，但是没有说清楚如何做好这10个方面。而且，连作文的载体——“语言”都没有列进去，存在重大缺陷。

第二节：一篇作文的构成

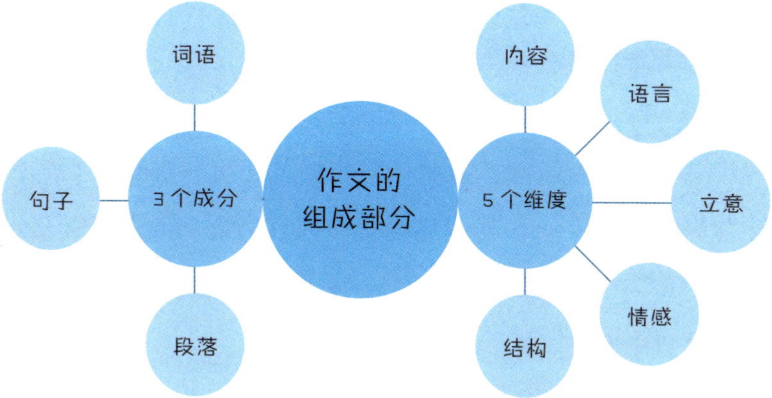

为了让同学们更好地理解好作文的标准，我们来看看一篇作文都有哪些组成部分。

1. 一篇作文的组成部分

一篇作文——由一个或多个段落组成；

一个段落——由一个或多个句子组成；

一个句子——由一个或多个词语组成。

正是这样的原因，同学们在小学一年级开始学字和词，在小学二年级开始学造句，在小学三年级开始学写作文。

请看下面的示例：

字词——人、一个人、人群、人数、人类。

句子——昨晚，我一个人来到滨江广场，汇入休闲的人群中。

段落——昨晚，我一个人来到滨江广场，汇入休闲的人群中。广场舞的音乐震耳欲聋，几十位大妈、大爷起劲地跳着舞，但是动作笨拙。玩滑板的儿童倒是身手敏捷，不时玩出高难度动作。爸爸、妈妈陪伴着学步的幼儿，孩子的每一次跌倒都是对自身能量的提升……

2. 作文的两大层面和五个维度

一篇作文的段落、语句、字和词，还可以进行分类吗？当然是可以的，比如先分成语言和内容两大层面。语言是内容的载体，内容是语言的依托。每个层面又包含意义、情感和结构三个方面。

由此来看，一篇作文的组成部分又可以分为内容、语言、立意、情感、结构五个维度。

第三节：好作文的综合标准

1. 请同学们思考

好作文有一条简单、综合的标准吗？

（1）有？

（2）没有？

2. 好作文的综合标准

其实，好作文有一条简单、综合的标准。

写作文跟做数学题不同，绝大多数的数学题都有一个标准答案，同学们只要核对答案就能够知道是做对了还是做错了。一篇作文好还是不好的标准则不同，它不是完全客观的，它要读作文的人去感受并做出判断——好、一般、不好。多数情况下，同学们的作文大多是写给语文老师读的，家长有时候也会读。不管是谁读，他认为一篇作文好一定是这篇作文打动了他的心。这种打动就像秋冬季节的静电一样，电的不仅是人的手脚，而且是整个人的身体和心灵。

请记住，好作文的背后都有一个简单的标准——打动读者：让读它的人感动。

✎ 3. 要想打动别人，先要打动自己

人心都是相通的，同学们写的作文要想打动别人，首先自己要被打动。如果你写的内容连你自己都没有心动，更不要指望别人能够心动。有一个成语叫作“将心比心”，请看一个事例：

一天，我和奶奶去商场，一位走在前面的阿姨帮我们推开沉重的大门，当奶奶向她道谢时，那位阿姨轻轻地说：“我的妈妈和您的年龄差不多，我希望她遇到这种情况的时候，也有人为她开门。”听到阿姨这样说，我的心温暖了许久。

我们试想，如果事例中的我把这件事写成作文，一定能打动老师和同学。因为这件事先打动了我自己。再则，人与人之间的许多情感是相通的。事例中体现的传统孝道必然能引起大家的共鸣。

✎ 4. 把自己的感动体验作为素材写进作文

写出一篇好作文的极佳办法，就是把曾让自己感动的生活经历写进作文里。这些感动体验素材需要同学们日积月累。

学会积累“感动”，远比学会写作技巧容易。只要把这些感动素材写到作文里面，读它的人自然而然地“触电”，受到感染，同学们就容易在考试中取得高分。

感动素材的积累并不困难，因为“感动”是一个人与生俱来的本能。令人感动的事情随时随地都会发生，就看你愿不愿意、用不用心观察并保存到大脑里。例如，你向陌生人

问路，他热情地为你指路。当时你一定是十分感动的。这样的事情经常发生，我们可以用笔记录下当时的心情。慢慢自己的感动素材就变得丰富了。

第四节：范文学习

1. 李白的《静夜思》

床前明月光，
疑是地上霜。
举头望明月，
低头思故乡。

读完这首诗，请同学们思考，哪一句更加打动你的心？

这是一首五言绝句。前面两句是对场景的描写：床前洒满了月光，就好像地上结了一层霜；后面两句没有用任何修辞，却是全诗的感动点。年轻时的李白游荡江湖，作客他乡，到了扬州思念起他的故乡，什么时候开始思念的呢？一个明月之夜，看见明月，低头沉思的时候。

"床前明月光"的这个"床"字有多种解释。第一个解释是今天我们睡的床；第二个是在古文里面有所谓的通假字，"床"跟"窗"可以互相借用。其实研究李白的诗的人，认可最多的是第三种解释：在古代，任何一个有人聚居的地方，一定要有水。除了住在河边、湖边，更多是靠地下井。每一个地下井都要修个栅栏防护起来，甚至平常都要盖住。因此井台有时候也被称为床。如果诗句中的床是指水井，诗人背井离乡，思乡之情会显得更加真切。

为什么李白的这首诗会流传千古？因为每一次读到它，后面那两句话都会让人心动。

2. 琳达·里弗斯的《永生的眼睛》（选自教育部编《语文》教材）

我14岁那年，一场突如其来的疾病夺走了母亲的生命。那会儿，我的内心一直笼罩着巨大的悲哀与苦痛。一想到从此以后我再也得不到妈妈的呵护了，泪水便不由自主地流淌下来。我无法面对没有妈妈孤零零地生活。

当天下午，一位警官来到我们家，对父亲说："先生，您同意医院取用尊夫人的眼睛角膜吗？"

"当然可以。"爸爸痛快地回答。

我被他们的对话惊呆了。我不明白那些医生为什么要将母亲的角膜给予他人，更让我无法明白的是，爸爸居然不假思索地答应了。我痛苦难忍，不顾一切地冲进了自己的房间。"你怎么能让他们这样对待妈妈！"我冲着爸爸哭喊，"妈妈完整地来到世上，也应该完整地离去。"

“琳达，”爸爸坐到我身边，平静地说，“一个人所能给予他人的最珍贵的东西，莫过于自己身体的一部分。很久以前，你妈妈和我就认为，如果我们死后的身体能有助于他人恢复健康，我们的死就是有意义的。”原来，他和妈妈早已决定死后捐赠器官了。

很多年过去了，我渐渐长大，有了自己的家庭。父亲也老了，身体一天不如一天。为了照顾他，我把他接来同住。父亲愉快地告诉我，他去世后要捐赠所有完好的器官，尤其是眼睛角膜。

“如果一个盲童能在我们的帮助下重见光明，并像温迪一样画出栩栩如生的马儿，那多么美妙！”我的女儿温迪自幼酷爱画马，她的作品屡屡获奖。父亲接着说：“当你们得知是我的眼睛角膜起了作用，你们会为我自豪！”

我把外公捐赠器官的心愿告诉了温迪。孩子热泪盈眶，她跑到外公身边，紧紧地拥抱他。

父亲与世长辞后，我遵从他的遗愿捐赠了他的眼睛角膜。温迪告诉我：“妈妈，我真为你、为外公所做的一切感到骄傲。”“这令你骄傲吗？”我问。“当然，你想过什么也看不见会有多么痛苦吗！我死后，也学外公将眼睛角膜捐给失明的人，让他们重见天日。”

在这一刻，我真正领悟到了父亲留下的远非一副角膜！我紧紧地搂住温迪，激动的泪水夺眶而出。这次，我为自己的女儿——14 岁的温迪而骄傲！

读完这篇文章，请同学们思考里面的哪一个细节或者哪几句话让你心有所动？

琳达 · 里弗斯（Linda Rivers），1951 年出生于美国，是一位专栏作家。本文讲述了作者的母亲和父亲去世后捐献器官的事情，影响了后代，让读者感受到人性中爱和奉献的光辉。

（1）“如果我们死后的身体能有助于他人恢复健康，我们的死就是有意义的。”

（2）“如果一个盲童能在我们的帮助下重见光明，并像温迪一样画出栩栩如生的马儿，那多么美妙！”

（3）“当然，你想过什么也看不见会有多么痛苦吗！我死后，也学外公将眼睛角膜捐给失明的人，让他们重见天日。”

上面（1）点是作者母亲去世后，她的父亲对作者解释捐献器官的意义。（2）点是作者父亲临终前决定捐献完好器官特别是眼角膜的心愿。（3）点是作者女儿被外公的言传身教所感染，对爱和奉献有了自己的理解。

同学们读到这三点时，有没有被感动呢？

3.《听妈妈讲我出生的故事》 作者：商凯乐（六年级）

2007年6月19日。在这个隆重的日子——端午节，怀胎十月的妈妈终于生下了我。

听妈妈说，那天下午，因为手术前不可以吃东西，所以妈妈她只能看着别人吃着香甜的粽子，而自己却饿着肚子、拖着软弱无力的身子到产房去做剖腹产。妈妈忐忑不安地躺在手术台上麻醉，为了放松妈妈的身体和心情，麻醉师就与妈妈聊起天来，麻醉师问妈妈觉得生出来的会是男孩还是女孩。妈妈泰然回答："女孩。"因为怀孕时妈妈曾去找一位老中医把脉，他判断我是个女孩。可那位调皮的麻醉师却说，如果生的是男孩，妈妈就要请手术室的医生们吃雪糕。突然，一阵哭声打断了他们的对话，我出生了，妈妈转过头一看——竟然是个男孩。后来，妈妈还真请手术室的医生们吃了雪糕。

母爱是伟大的，每位妈妈都会为孩子的出生付出很多努力。作为儿子，我将用一生的努力去回报母亲。妈妈，您辛苦啦！

这篇作文是上过阿吾教育培训班的一位六年级同学写的，故事情节紧凑，讲述了麻醉师和妈妈打赌生男生女（实际是为了让妈妈放轻松），谁输了请吃雪糕的有趣过程，读后让人印象深刻。

4.《陪伴》 作者：陈夜澄（四年级）

我还记得，二年级时，我有一个朋友，叫陈惠森。一年级时，他的学习成绩不好，下课时没人陪他玩。只有一个叫郑东鸿的人，他学习也不太好，才会陪在他身边。二年级时，郑东鸿转学走了，又没有人跟陈惠森一起玩了。我很快就注意到了这件事，于是我走过去，试图跟他交个朋友，问："我们可以一起玩吗？"他爽快地答道："当然可以啊！"因此，我多了一个朋友，他也多了一个朋友。每天下课，他都会过来找我，我们一般都会在一起聊天、折纸、比赛谁跑得快。陈惠森最喜欢玩的就是折纸青蛙，然后比赛谁跳得远。

我发现陈惠森变得比以前自信了，他在课上举手回答问题的次数变得多了，他的成绩也越来越好了，从不及格提高到了七八十分。后来他还试图和大家一起玩耍，大家并没有不愿意，可能是因为他的成绩变好了吧。不管是为什么，我们大家都多了一个朋友。

直到四年级，他的父母由于工作上的原因，让他转去北京读书了。不过，我相信，他肯定没忘记我，因为我也没忘记他。

（说明：文中同学姓名为化名。）

《陪伴》是2018年四川省南充市中考的作文题目，这篇作文是上过阿吾教育培训班的一位四年级同学写的。

文中讲述了一位同学由于学习成绩不好而在班上没人陪他玩，作者主动与他交朋友，帮助他建立自信，学习成绩也慢慢好转的故事。虽然最后陈惠森转学走了，但作者相信彼此没有相忘。

只要注意观察和积累生活当中那些真实的感动经历，然后把它通顺地写下来，四年级的同学一样可以写出佳作。

5. 视频《当你想放弃的时候，就看看这只小熊》（视频出自 CCTV 新闻频道）

一只熊妈妈和一只熊宝宝打算一起爬上山岭，但由于大雪覆盖着大山，两只熊只能在雪坡上踏着雪艰难地往上爬。熊妈妈顺利爬上了山顶，但幼小的熊宝

宝力量不足，在陡峭的山崖上一再努力向上爬，却还是一再失足往下滑……

熊妈妈没有离开，一直在高处来回走动看着这一切，她可能是无能为力，也可能是为了让自己的孩子成长，所以没有走下悬崖帮一把自己的崽。

经过多次的尝试，熊宝宝终于找到了窍门——它找到妈妈刚爬过的地方，顺着妈妈的脚印往上爬。眼看就要到达山顶，意外出现了。正当熊妈妈想拉小熊一把的时候，却没有抓住，这一次小熊跌落下去很远很远，甚至让人担心它会不会摔死。

最终，熊宝宝还是历经千辛万苦，顺利到达山顶，和妈妈一起走了……

视频拍摄地是在俄罗斯的一个雪山，当时被一架无人机远远地拍摄到。整个攀爬过程中，小熊不怕艰难，无畏险阻，哪怕在即将到达终点的时候，瞬间跌入谷底，依然勇敢前行。坚强的小熊打动了观众，它那种不放弃的精神值得我们所有人学习。

第五节：感恩训练（一）

1. 如何得到更多感动?

写作文是一项能力，它需要知识，但只有知识没有训练是不行的。

写作文跟打篮球、游泳、下围棋是一样的，如果只看过许多本围棋棋谱，但是一次围棋都没下过，是很难赢棋的。写作文也一样，没有练习就没有进步。

如果同学们想得到更多、更好的感动，就需要学会三件事。

第一是有爱心。特别是要学会感恩，因为有了感恩之心，就会经常感动，也会做出一些让别人感动的事情。

第二是学会关注周边人的活动。同学们的身边每天都会发生很多感动人或者有趣的事情。一不留神儿，就会与之擦肩而过。

第三是拓展生活范围。现在中小学生的生活可以简单归纳为“两点、一线、一屏”。家和学校就是“两点”；“一线”是每天往返于这两个点之间；“一屏”是指手机、电脑、Pad、电视等。屏幕占用了大家很多时间。所以大家更应该把自己的生活拓宽，接触更多的人和事物。

✎ 2. 关于感恩的名言警句

滴水之恩，涌泉相报。（谚语/《增广贤文》）

吃水不忘挖井人。（谚语）

前人栽树，后人乘凉。（谚语）

谁言寸草心，报得三春晖。（孟郊《游子吟》）

投我以桃，报之以李。（《诗经·大雅·抑》）

知恩图报，善莫大焉。（《说苑·复恩》）

感恩即是灵魂上的健康。（尼采）

✎ 3. 一个感恩的小故事——《吃水不忘挖井人》（选自教育部编《语文》教材）

瑞金城外有个村子叫沙洲坝。毛主席在江西领导革命的时候，在那儿住过。

一天，毛主席看见一个老乡挑着浑浊的水往家里走，就问："老乡，这水挑来做什么用呀？"老乡回答说："吃呀！"毛主席疑惑地问："水这么脏，能吃吗？"老乡苦笑着说："没法子，再脏的水也得吃呀！"毛主席又问："是从哪里挑的？"老乡回答："从塘里挑的。"毛主席请老乡带他去看看。走了一阵，只见一个不大的水塘，杂草丛生，池水污浊。全村人洗衣、洗菜、吃水全在这里。毛主席关切地问："能不能到别处挑水吃？”老乡摇摇头，说：“我们沙洲坝就是缺水呀！挑担水要走好几里路。”毛主席皱了皱眉头，若有所思地走了。

第二天，毛主席找来村里人一起商量挖水井的事。大家一起勘察水源，选择井位。当井位确定后，毛主席挽起衣袖，卷起裤腿，带头挖了起来。于是，大伙挖的挖，铲的铲，干得热火朝天。

在挖井的日子里，毛主席和临时中央政府的其他领导人，一有空就到工地参加劳动。经过十几天的奋战，水井挖成了，沙洲坝的人民终于喝上了清澈甘甜的井水。群众激动地说：“我们从来没有喝过这么甜的水，毛主席真是我们的大恩人哪！”

解放以后，沙洲坝人民在井旁立了一块石碑，上面刻着：“吃水不忘挖井人，时刻想念毛主席！”

4. 感恩训练之一：经常说“谢谢”

（1）请回忆你昨天大概说了多少次“谢谢”。

说一声“谢谢”，不仅仅是礼貌，而是发自内心的感恩。同学们知道日本人一天内要说多少次“谢谢”吗？至少150次。有的同学觉得这个数字比较夸张，其实并不难，至少一个早上就可以说十几次“谢谢”。比如：

还需要爸爸妈妈叫醒起床的同学，请说一声“谢谢”。

起床后，可能要上厕所、冲凉、洗脸、漱口……如果有一些东西是家人准备的，要说“谢谢”。

早餐时对做早饭的人说声“谢谢”。例如在吃了两口之后，说：“妈妈，你今天早上做的小米粥很好吃，谢谢你。”要具体说出哪种食物。

还有端饭、夹菜、洗碗，凡是得到过帮助的情景都应该说“谢谢”。

（2）请向爸爸妈妈分享其中的1—2个说“谢谢”的例子，包括时间、地点和说“谢谢”的原因等。

✎ 5. 感恩训练之二：向父母表达感谢

（1）父母与孩子是什么关系？

首先是血亲关系，法律上被定义为父子、父女或者母子、母女关系。绝大多数人的父母就是自己的亲生父母，当然也会存在少部分的特殊情况，如收养、过继等。

中国的法律规定18岁即为成人。18岁之前，爸爸妈妈是孩子的监护人，有义务抚养自己的孩子长大。大家知道爸爸妈妈每个月抚养你最少需要花多少钱吗？从法律上来讲，就是你所在城市的低保标准。但是从小到大，爸爸妈妈可能每个月在你们身上花的钱都是低保标准的好几倍，这是为了给你们创造一个更好的生活和学习条件。

我们前面也讲过“吃水不忘挖井人”，等你长大了，能挣钱了，也意味着你的爸爸妈妈老了，甚至动不了了。这时候，孩子记得要履行一个义务，叫作赡养。

（2）给爸爸、妈妈分别写一句感谢的话。

第一句话是：“妈妈，我今天要感谢你，因为……”

第二句话写：“爸爸，我今天要感谢你，因为……”

“因为”后面的事情一定要写具体的细节，不能写“妈妈，我今天要感谢你，因为你给我做了可口的饭菜”，要说清楚是哪道菜。我建议同学们最好写一件妈妈、爸爸让你记在心上的事情，不要写成了“造句”。因为，只有同学们自己记在心上的事情说给父母听，父母听了以后才会感动。

（3）把这句感谢的话当面说给爸爸、妈妈听。

当天去找一个相对安静的场所，看着爸爸妈妈的眼睛，把刚刚写的感谢语说给他们听。注意观察爸爸妈妈听到你这句感谢时的反应。

如果部分同学的爸爸妈妈不在身边，最好能够用视频交流，不能用视频就用电话，一定要说出来。

同学们，你们在家里要养成一个习惯，及时向家人分享你遇到的趣事和感动的经历，同时也要让爸爸妈妈经常给你讲有趣的事情。

第二讲　寻找感动

上一讲，我讲了好作文的标准。一篇作文要写好，可能要满足很多标准，比如开头怎么样，中间怎么样，结尾怎么样。又比如立意好不好，情感足不足，等等。最后，我告诉同学们，其实一篇好作文有一个简单的综合标准，那就是能够让读它的人感动，或者说打动读者的心。同学们如何做到这一点呢？我认为唯一可行的办法是，同学们在作文里面写自己曾经的感动体验经历。

显然，同学们想写好作文，有没有感动体验很重要。今天这一讲，我就来谈谈“感动”，先从故事《一杯鲜奶》讲起，然后说说什么是感动？感动发生在哪里？同学们怎样得到更多、更好的感动？这些经验我将通过请同学们观看中央电视台公益片《打包篇》来进行室内训练，并从中总结出“感动三要素”。这一讲的综合训练是教同学们回家采访爸爸妈妈等亲人，了解自己出生的故事。

第一节：从故事《一杯鲜奶》讲起

这是一个在互联网上流传的故事。

有一个穷困的学生，名叫郝伟，为了付学费，他挨家挨户地推销产品。

到了晚上，他感觉很饿，但摸摸口袋发现只剩下了一角钱，想不出能买些什么东西吃。

于是，他下定决心，到下一家时向对方要顿饭吃。

然而，当一个年轻漂亮的女孩打开房门时，他却完全失去了勇气。

他没敢张口讨饭，只要求喝一杯水。女孩看出他十分饥饿，于是给他端出一大杯鲜奶来。他不慌不忙地将鲜奶喝下，然后问道："我应付你多少钱啊？"

女孩微笑着回答："你不欠我们一分钱！妈妈告诉我，做善事不求回报。"

于是，郝伟说："那么，我只有由衷地谢谢你们了！"

当他离开时，不但觉得自己不再饥饿了，而且感觉身体强壮了不少，对人的信心也增强了许多。他本来是已经陷入绝境将准备放弃一切的！

数年之后，那个年轻女孩病情危急，当地医生都束手无策。家人无奈，只好将她送到另一个大城市，以便请名医来诊断她罕见的病情。

碰巧，他们找到的是郝医生。

当郝医生听说眼前这个病人来自某某城市时，眼中露出了奇特的神情。

他立刻换上工作服，走进了那个女孩所在的病房。

他一眼就认出了那个女孩。

他立刻回到诊断室，下决心尽最大的努力来挽救她的生命。

从见到女孩的那一刻起，他就一丝不苟地观察她的病情。经过一段时间的不懈努力，他终于帮女孩战胜了病魔。

医院划价室的人将女孩的账单送到郝医生手中，请他签字。郝医生看了一眼账单，在边上写了一行字，然后请人将单子转送到女孩手中。

女孩不敢打开单子，她觉得单上的费用可能是自己一辈子都不能还清的。

最后，她还是打开了，账单边上的一行字让她格外注意——一杯鲜奶足以付清全部的医药费。郝伟医生。

她眼中噙着感激的泪水，握着账单的手颤抖着，激动地想："感谢上天，当年我只做了一件微不足道的小事，没想到，却得到了这么多的回报。"

读完这个故事，请同学们想一想，故事中哪几个地方感动了你？

（1）________________

（2）________________

（3）________________

回忆一下，你感动时有什么心理反应和生理反应？

（1）____

（2）____

（3）____

大家再想一想，《一杯鲜奶》这个故事为什么感人？是不是因为它涉及感恩和爱？

第二节：关于感动

♡ 1. 感动的含义

我们所谓的感动写作，就是基于感动体验的写作。那么什么是感动呢？

我们每个人都曾经感动过，我们每个人都有感动方面的经验。比如：

感动的心理反应——激动、愉悦、哀伤等。

感动的生理反应——流泪、嬉笑、双手颤抖、心跳加快等。

罗竹风主编的《汉语大辞典》这样给感动下定义：思想感情受外界事物的影响而激动，引起同情或向慕。

向慕：向往，羡慕。

向：对着，朝着，志向。

慕：慕名、羡慕、仰慕、爱慕、景慕、敬慕。

《汉语大辞典》对感动的解释，给我们许多启发。其一，感动是一种激动，而激动是指一个人受到某种刺激而感情冲动。其二，激动什么呢？激动的是思想感情，一为思想，二为感情，也就是说我们在感动状态下会有思有情。其三，激动会受到外界事物的影响。这一点我要补充说明一下，一次感动的直接起因可以是外界事物，也可以是内部思想，当然大多数情况下内部思想又是由某些外部事物引起的。感动的激动与非感动的激动不完全一样，它会引起同情或向慕。我们知道，另一些激动常常具有侵略性，恰恰没有同情或向慕。由此可见，感动是一种善意的激动，常常也是具有美感的激动。

♡ 2. 感动的级别

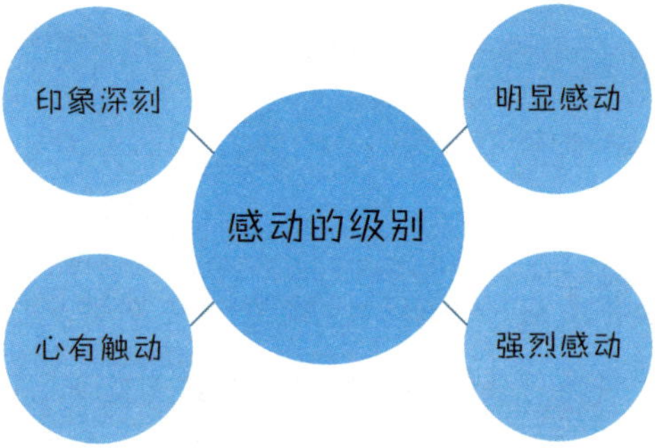

上面关于感动的定义把感动说得很典型，其实感动的基本特征是心动或动心，根据其强弱程度，我们可以把感动分为四个级别：印象深刻、心有触动、明显感动、强烈感动。

（1）印象深刻

所谓印象深刻，就是一个人经历了许多事情之后很久都不能忘记的部分。在事情发生的时候我们没有感觉到心动，但是为什么久久不能忘怀呢？其实是我们悄悄地心动了。

举例：我在 1992 年春天第一次路过惠州市惠城区的水门桥，多年后，我对桥两侧的白色拱门都记忆犹新。

（2）心有触动

所谓心有触动就是一个人在某个时刻自己都感觉到自己动心了，也许很轻微。

举例：每当我读孔子的《论语》，其中不少话语常常让我心有触动。又比如 1987 年 1 月我经过广州市的一座过街天桥，看见一位双腿残疾的年轻人时动了恻隐之心。

（3）明显感动

举例：《一杯鲜奶》我已经读过好多遍，每一次读我都有明显感动，甚至眼睛都会湿润。

（4）强烈感动

举例：我第一次读安徒生的童话《卖火柴的小女孩》，感动得哭了。

♡ 3. 感动发生在哪里？

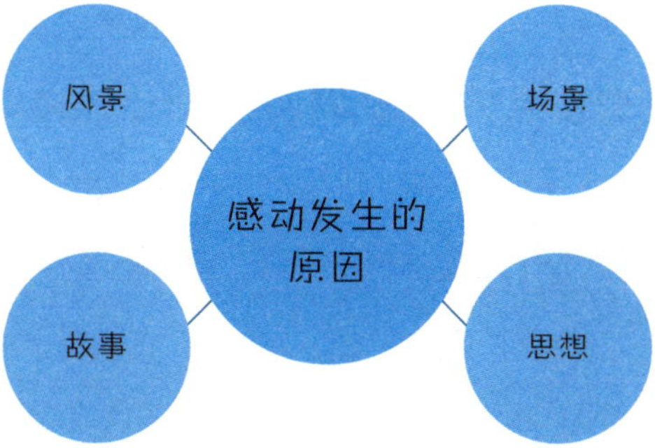

感动无处不在，它常常由四个方面引起：风景、场景、

故事、思想。

（1）风景

风景就是可供人观赏的风光、景物，可以是自然的，也可以是人造的。因此，风景又分为自然景观和人造景观。

风景犹如艺术作品，而且是真正巧夺天工的艺术作品，一个人站在风景面前，或者置身风景之中，常常会有感动：要么被某种美所震撼，要么被某种美所滋润，要么触景生情，要么浮想联翩，要么哲思不断。很有可能，我们还会诗意大发、画意大发、乐意大发。

风景是培养同学们感动最好的教材和教师。你们的爸爸妈妈带你们出去旅游，参观名胜古迹，一方面可让你们开阔眼界；一方面可对你们进行美育教育，让你们体验感动。

（2）场景

场景一词源于戏剧，现在泛指有人活动的场面或情景。简单地说，就是场面或情景。

让我们来设想一个场面。一位小学生某天放学后值日，一个人做教室的卫生，打水、洒水、扫地、擦黑板、擦桌子、倒垃圾、倒脏水，感觉很累，回家的路上难免心中有些怨言。

当他推开家门，看见这样的场景：餐桌上有香喷喷的饭菜，其中有自己爱吃的红烧鸡腿、番茄炒蛋，而爸爸、妈妈、爷爷、奶奶都坐在客厅有说有笑地等他回家。这位小学生看到这样的场景突然感动了，原来的怨言都烟消云散了。

同学们在特定的场景面前学习感动，可以帮助自己积累生活经验，培养想象力。

（3）故事

故事就是过去发生的事情，同学们写作文往往是写那些有趣的人物活动过程。其实我们生活中的许多感动都可以写成故事。情节生动、富于寓意的故事常常最容易感动人。

2017 年 8、9 两个月，阿吾老师写了一组诗，名为《一个人的编年史》，从我出生的 1965 年一直写到 2016 年，每一年写一首诗，其中第一首《一九六五年》是这样写的：

这些事情
是我的母亲
后来告诉我的
她生我那天
天还没亮
医院还没开门
是扫地的清洁工
招呼门卫开的门
母亲一躺在产床上
就听见了我的哭声
这个过程
暗合一个传说

孩子都是
从垃圾里捡来的

这首诗讲阿吾老师出生的故事，情节很简单："她生我那天 / 天还没亮 / 医院还没开门 / 是扫地的清洁工 / 招呼门卫开的门 / 母亲一躺在产床上 / 就听见了我的哭声"。这个故事的寓意也很简单："这个过程 / 暗合一个传说 / 孩子都是 / 从垃圾里捡来的"。

（4）思想

简单地说，思想就是人的意识活动。我们在实际使用中，通常把对人们具有较大启发价值的意识活动，还有一些有趣的想法称为思想。

当一个人得到某些精彩思想的时候，他可能会感动。

流传下来的《论语》记录了孔子的思想，其中一开篇就讲道："子曰：'学而时习之，不亦说乎？有朋自远方来，不亦乐乎？人不知而不愠，不亦君子乎？'"特别是其中的"有朋自远方来，不亦乐乎？"很多人读了之后，都会产生感动。

♡ 4. 怎样得到更多、更好的感动？

同学们培养以下三个方面的习惯，就会让自己的人生充满感动，好作文的素材就有了"取之不尽，用之不竭"的源泉。

（1）关心每天接触的人

基于感动的定义。同学们希望拥有更多、更好的感动，首先需要培养自己对外部世界的关心，要从关心每天接触到的人做起。

从打动自己到打动别人，需要关心别人和社会。从社会和别人那里得到的感动，更容易打动别人；通过关心社会和别人，可以体现我们的爱心。

例如，杜甫的诗“安得广厦千万间，大庇天下寒士俱欢颜”，（今译：如何能得到千万间宽敞高大的房子，普遍地庇护天下间贫寒的读书人，让他们开颜欢笑。）也说明了这一点。杜甫自己都住在会被风吹倒的草房子的时候，还关心着其他的贫寒读书人，这才让他写出流传至今的名篇。

作为一名小学生，我们每天通常会接触到哪些人呢？

我们试想一位小学五年级学生一天的学习生活。

他早晨醒来，将接触到家人——妈妈爸爸，也许还有爷爷奶奶、姥姥姥爷、哥哥弟弟、姐姐妹妹、保姆等。

出门上学，他走路或搭乘公共交通工具，将接触邻居、路人、清洁工、警察、公交车司机、小吃店或便利店的老板及店员，等等。

来到学校，他将接触到同学、老师、教务员，也许还会遇上同学或老师的亲人。

下午放学，他将再次接触社会，这一次遇到的人不会与早上完全重复。回到家里，他看到的家人，他们的状态也不会与早上完全相同。如果父母看《新闻联播》，他将接触到更为广阔的世界。

同学们要养成关心人的习惯，尊重遇到的每一个人，找到自己的兴趣点，慷慨地帮助那些需要帮助的人。只有养成一个好习惯——关心每天接触的人，才有可能产生越来越多的感动。

（2）拥有一颗爱心

“关心每天接触的人”与“拥有一颗爱心”要互为表里，同学们的感动才会源源不断地涌出。

爱心是关心社会和别人的原动力；拥有爱心才有更多感动；只有自己备受感动，才能感动更多的人。

试想一位小学五年级同学一天的学习生活。他早晨起来，爸爸出差了，妈妈感冒了，原来每天由妈妈准备的早餐并没有准备好，躺在床上的妈妈给钱让他自己在路上买早餐吃。这时候，他如何反应？从妈妈手里接过钱就出门上学？还是会想到出去给妈妈也买一份早餐？甚至想到为妈妈买一些药？不同行为选择的背后正是对这位同学爱心的检验。他出门上学，在整洁的街道上看到一个被人丢弃的塑料袋会视若无睹？还是会捡起来放到路旁的垃圾桶里？这也是对其爱心的一次检验。他来到学校，走进教室，坐在靠过道的座位上，坐里面座位的同学来了，是让同学从自己后背挤进去？还是站起来空出通道让同学进去？这也是对其爱心的检验。

感动写作的实质其实就是爱心写作，培养自己拥有一颗爱心是写好作文的根本。

（3）注意自己内心的微妙变化

我们要把感动作为素材写进作文，还需要注意自己内心的微妙变化，因为只有把外部世界和内部世界有机结合起来才能更好地打动别人。

只有关注内心的变化，才能有效记录自己的感动。

这是因为内心的微妙变化，有可能提高感动的力度和深度，并有助于读者理解感动，最大限度地产生共鸣。

面对同一件感动人的事情，每个人内心的变化不同，这正是文学的无穷魅力。同学们内心的变化将帮助自己在作文中展示更加独特、丰富的个人世界。

第三节：感动三要素

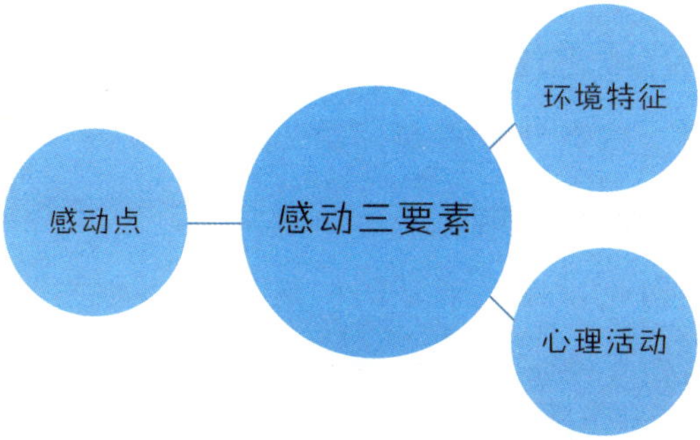

当我们有了一份感动，我们怎样把它表达出来，才会产生最好的感染力呢？这就是我们的作文小思路——感动三要素。

所谓感动三要素：一是感动点，二是环境特征，三是心理活动。

♡ 1. 感动点

感动点，既是触发感动的那个关键点，也是整个感动过程中最打动人的那个地方。它就像一个炮仗的引子，引子点燃了，感动的炮仗就爆炸了，感动就进入了最强烈的状态。比如，前面《一杯鲜奶》这个故事，感动点就是女孩最后打开账单时，发现账单边上的那行字："一杯鲜奶足以付清全部的医药费。郝伟医生。"感动点往往篇幅都很短，但却是整个文章的最高潮。

♡ 2. 环境特征

环境特征，就是感动点发生时所处的环境，或者感动点的来龙去脉。大多数情况下，我们写作文都不要一开始就写感动点，因为读者还不明白感动点是怎么来的时候，很难产生共鸣和感动，即使有也可能会大打折扣。我们还是以《一杯鲜奶》为例，故事开头讲郝伟医生还是一名穷困学生时，有一天他推销产品肚子饿了，没钱买吃的，原准备到下一家就找对方要顿饭吃，但发现开门的是一个女孩时，感到不好意思，就改口只要一杯水。女孩看出他饿了，免费给了他一杯鲜奶。故事中间讲到女孩得了重病，转到大城市医治，碰巧找到的是郝医生。病治好后，女孩担心支付不起医药费，不敢打开账单。上述开头和中间，就是在交代环境特征，在为文章感动点的出现做准备。

♡ 3. 心理活动

心理活动，就是感动点出现时或者感动之后，作者（或主人公）心里的所思所想。心理活动将感动点引向深入，提高感动点的强度，往往是一篇文章的升华和点睛之笔。《一杯鲜奶》的最后，女孩觉得自己当年只是做了一件微不足道的小事，没想到，却得到了这么多的回报。这就是她的心理活动。

同学们写作文时，一定要紧紧抓住感动点。在写作顺序上，一般是先写环境特征，引出感动点，最后加上心理活动。

第四节：看视频谈感动

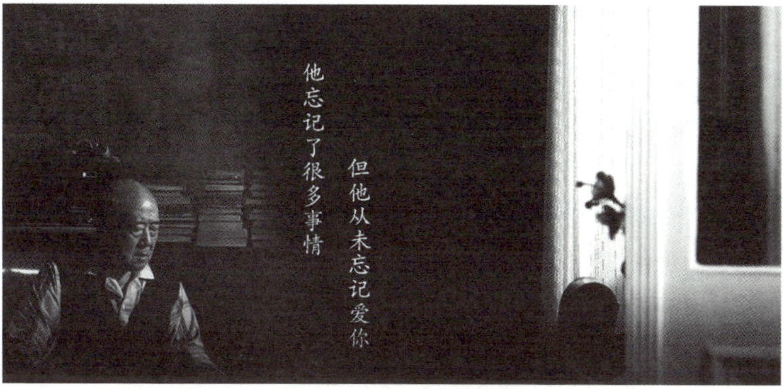

播放中央电视台公益广告片《打包篇》：

一位患上老年痴呆症的父亲，记忆力越来越差了。他忘记了很多事情，冰箱在哪、洗衣机在哪，甚至自己刚刚做过的事都记不起来了。当儿子敲门叫他“爸，爸，给我开门”时，他却紧张地对儿子说“我不认识你”。

有一天，儿子带着父亲到外面吃饭。最后盘子里剩下两个饺子的时候，父亲竟然当着亲友的面，把这两个饺子放进口袋里。儿子急忙阻止他：“爸，你干吗呀？”话都已讲得不利索的父亲说：“这是留给我儿子的，他最爱吃这个。”

父亲几乎忘记了一切，但是从来没有忘记对孩子的爱。

看完这个视频后，哪些细节打动了你？

你会有怎样的生理反应和心理反应？

第五节：感恩训练（二）

感恩训练之三：请妈妈讲你出生的故事

（1）同学们知道自己出生的故事吗？请知道的同学分享出来。

（2）请同学们采访爸爸妈妈，这次先让妈妈（爸爸）自由发挥。建议同学们这样问妈妈（爸爸）：“请你讲讲我出生的故事好吗？”同学们在听父母讲述的过程中，请特别注意故事的感动点，同时记住自己的心理活动，下一次课老师要请同学们分享。

第三讲　爱是感动的源泉

上一讲我讲了什么是感动。它可以根据强弱程度的不同分为四个级别，即：印象深刻、心有触动、明显感动、强烈感动。感动并不一定需要“高大上”，印象深的事情就适合写成作文。

今天这一讲的主题是“爱是感动的源泉”。我会从一个看起来比较大的话题——人生的意义，或者说人生价值讲起，重点讲什么是爱。然后我会对爱进行分类。爱的分类可以帮助我们整理用于写作文的感动素材。随后，我们将学习一篇经典的童话——《卖火柴的小女孩》。最后，我将教同学们如何深入采访爸爸妈妈，了解自己出生的故事。

第一节：人生价值

所谓感动写作其实就是爱心写作，因为爱是感动的源泉。感动的背后是爱心，爱心的背后则是一个人的价值观。思考人生的意义和了解人生的价值，有助于同学们从小把爱种进心底。

30 多年前，我读大学的时候，一位同学在诗歌朗诵会上朗诵过这样一首诗：

> 我是谁？
>
> 我怎么知道我是谁？

我爱是谁就是谁。

我从哪里来？

我怎么知道我从哪里来？

我爱从哪里来就从哪里来。

我将到哪里去？

我怎么知道我将到哪里去？

我爱到哪里去就到哪里去。

这首诗实际上是在追问每个人一生最大的疑问，尽管它没有给出答案。换一种说法，我们一生最大的疑问其实就是人生的价值在哪里？

我想先请同学们做两道选择题，第一道是：

1. 人生有没有价值？

请大家从以下三个答案中选出一个：

（1）人生是有价值的。

（2）人生是没有价值的。

（3）人生有时候有价值，有时候没有价值。

如果你选的是（1）或者（3），那么请再做第二道题：

2. 人生的价值是什么？

（1）利己。

（2）利他。

（3）既利己又利他。

我对很多小学生做过上面问题的测试，对于“人生有价值吗”这个问题，大多数同学的选择是：有。

对于“人生的价值是什么”这个问题，大多数同学的选择是：既利己又利他。

这是非常好的回答。也是一个现代人应有的价值观。

现实中做出这种选择的人也越来越多。所谓“既利己又利他”，是说一个人需要通过为他人提供价值来实现自己的价值。为什么会是这样呢？一个人无论选择人生是有意义的还是无意义的，利己还是利他，他都很难脱离社会，就像鲁滨孙那样一个人生活在荒岛上。社会中的人必须与别人进行价值交换，价值交换的等价原则要求“既利己又利他”。

附：关于价值观：

这里，我向同学们介绍下对价值观的理解：

价值观一：

人人生而平等，每个人都具有自己独特的潜在价值。

人人生而平等，我无须解释。每个人都具有自己独特的潜在价值，我需要对“独特”与“潜在”进行说明。世界上没有两个人是完全一样的，这就是每个人的独特性。但是，一个人的独特性是天生的，也是潜在的。一个人如果在后天没有把自己独特的潜在价值发挥出来，他很可能流于平庸。实际上，在人类已有的历史进程中，常见的是不少人流于平庸。

希望同学们理解“人人生而平等，每个人都具有自己独特的潜在价值”的观念，相信“天生我材必有用”。我们每个人都有自己独特的用处，每个人成长的过程就是发现自己独特用处的过程。

价值观二：

自由、民主、法治，商品与服务要等价进行交换。

生活在社会中的人，从保护个人权利出发首先要求自由。所谓个人自由就是在不影响他人的情况下，身体、思想神圣不可侵犯。人与人之间的政治关系符合民主的形式要求，为公众服务的领袖岗位应通过民主流程产生。自由、民主，以及众多的社会生活准则需要在法治的范围内运行。人们交换劳动成果（商品与服务）要遵循等价原则。

这项价值观给同学们的启示是，既追求个性自由又尊重社会规则，相信“只有付出才有收获”。表面上看，“商品和服务要等价交换”是一条市场法则，实际上它也是人际交往法则和人生法则。只有感动自己的东西才可能感动别人。你爱别人，别人才可能爱你，在我看来也是社会成员之间爱心的等价交换。

价值观三：

自食其力、健康、快乐，人生最大的成功是幸福。

每个人首先要生存，自食其力是基本原则。如果一个人连自食其力都做不到，不管他的价值观怎么样，也不管他受过多么好的教育，都无法实现与他人的等价交换，发挥出自己的潜在价值就成了空中楼阁。一个人能够自食其力之后，人生最宝贵的是什么？应该是身体健康、精神快乐，所以说人生最大的成功是幸福。什么是幸福？通过发挥自己的独特潜在价值自食其力，拥有健康和快乐，就是幸福。那些把金钱、权利、荣誉作为人生成功与否标准的人，是错把手段当成了目的。特别是那些不择手段追逐财富、官位、虚名的所谓“成功人士”，他们最后也会明白“出来混，总是要还的”。

希望同学们可以做到“自食其力、健康、快乐”。

第二节：关于爱

在现代文明社会里，拥有一颗爱心的人将是最大的赢家，因为爱最符合“既利己又利他”的价值观。那么什么是爱呢？

1. 爱的体现

我们先来看看爱有哪些体现，总结起来大体有以下 7 种：

（1）热情：热烈、积极、主动、友好的情感或态度。

（2）喜欢：泛指喜爱，包含欣赏、仰慕、钦佩、倾心爱慕等。

（3）感恩：对别人所给的帮助表示感激；对他人的帮助

予以回报。

（4）包容：宽容、容纳。

（5）愧疚：感觉对不起他人，很内疚，很惭愧。

（6）怜悯：对遭遇不幸的人表示同情。“恻隐之心，人皆有之”。（《孟子·告子上》）。

（7）奉献：恭敬地交付、献出。

2. 爱的定义

西方文化有两大源头，一个是古希腊文化，一个是《圣经》。在《圣经·新约·哥林多前书》第13章中有一段关于爱的经典阐述：

> “爱是恒久忍耐，又有恩慈；爱是不嫉妒，爱是不自夸，不张狂，不做害羞的事，不求自己的益处，不轻易发怒，不计算他人的恶，不喜欢不义，只喜欢真理；凡事包容，凡事相信，凡事盼望，凡事忍耐；爱是永不止息。”

《圣经》中对“爱”下的这个定义，既告诉我们有爱心的人的品质（忍耐、恩慈、包容、相信、盼望等），又告诉我们有爱心的人的行为规范（不嫉妒、不自夸、不张狂、不做害羞的事、不求自己的益处、不轻易发怒、不计算人的恶、不喜欢不义、只喜欢真理等），几乎囊括了一个人可具备的所有良好品质和积极行为。

百度百科对爱做了以下定义:

爱：是指人类主动给予的或自觉期待的满足感和幸福感。爱是人的精神所投射的积极能量。是指人主动或自觉地以自己或某种方式，珍重、呵护或满足他人无法独立实现的某种人性需求。包括思想意识、精神体验、行为状态、物质需求等。爱的基础是尊重。爱的本质是无条件地给予，而非索取和得到。所以，爱是一种发自于内心的情感，是人对人或人对某个事物的深挚感情。这种感情所持续的过程也就是爱的过程。通常多见于人与人或人与事物之间。爱是认同、喜欢的高度升华，不同层次的爱对应着不同层次的感受或结果。

我认为，百度百科中“爱”这一词条的精华在于：“爱的基础是尊重。爱的本质是无条件地给予，而非索取和得到。所以，爱是一种发自于内心的情感，是人对人或人对某个事物的深挚感情。这种感情所持续的过程也就是爱的过程。”

第三节：爱的分类

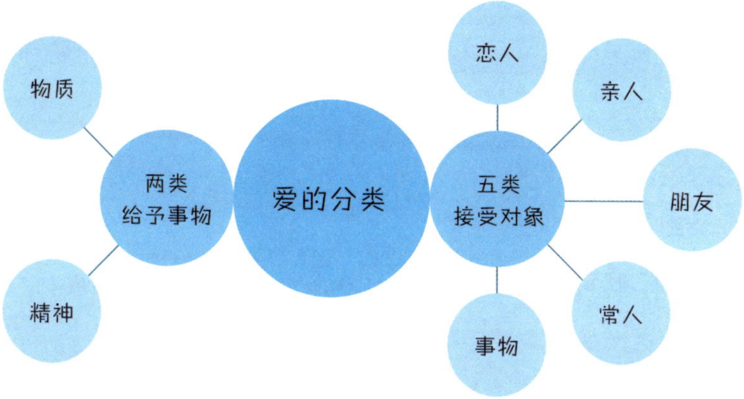

为了对同学们写作文有帮助，我们不妨来对爱进行分类。爱的分类，其实可以用作同学们写作文时对感动素材的分类。

1. 从接受对象不同将爱分为五类：

（1）对恋人的爱——爱情角色中的爱。

（2）对亲人的爱——父爱、母爱、儿女对父母的爱、兄弟姐妹的爱等。

（3）对朋友的爱——友情角色中的爱。

（4）对常人的爱——没有达到友情程度的熟人之间的爱（邻居、师生、同学、同事、客户等），陌生人之间的爱（路人、同车、同船、同机、偶遇等）。

（5）对事物的爱——对动物的爱、对植物的爱、对用品的爱、对景物的爱等。

2. 从给予的事物不同将爱分为两大类四小类：

（1）物质的爱——付出的人无条件地给予接受者某些有价的物质。

物质的爱又可以分为两小类：

①给予物品的爱。

②提供服务的爱。

（2）精神的爱——付出的人无条件地给予接受者精神方面的赞美、鼓励、慰藉。

精神的爱也可以分为两小类：

①用思想表达的爱。

②用行为表达的爱。

3. 爱的分类有什么用？

爱的分类可以用于感动体验素材的收集整理分类。事实上，我们的每一次感动经历背后都体现着某种爱。同学们考试或平时写作文的时候，由于压力等原因，有时很难凭直觉马上回忆起与作文相关的合适素材，这时候用爱的分类这个工具，就能帮助大家迅速从素材库找到我们要的素材。

小学阶段的同学，请重点收集整理以下三大类感动体验素材：

（1）关于“亲人的爱”的感动素材。

（2）关于“常人的爱”的感动素材。

（3）关于“事物的爱”的感动素材。

初中和高中的同学，需要掌握20种爱的分类：

（1）用物品向恋人表达爱。

（2）用服务向恋人表达爱。

（3）用思想向恋人表达爱。

（4）用行为向恋人表达爱。

（5）用物品向亲人表达爱。

（6）用服务向亲人表达爱。

（7）用思想向亲人表达爱。

（8）用行为向亲人表达爱。

（9）用物品向朋友表达爱。

（10）用服务向朋友表达爱。

（11）用思想向朋友表达爱。

（12）用行为向朋友表达爱。

（13）用物品向常人表达爱。

（14）用服务向常人表达爱。

（15）用思想向常人表达爱。

（16）用行为向常人表达爱。

（17）用物品向事物表达爱。

（18）用服务向事物表达爱。

（19）用思想向事物表达爱。

（20）用行为向事物表达爱。

4. 感动素材示例

示例一（对亲人的爱）：

一九七七年，国家恢复高考，四川省出了一套内部复习资料。父亲很想给我买一套，但费用要一两块钱。父亲回家跟母亲商量。母亲说买了这套书，家里这个月的生活费就不够了。父亲想了想，说："那我戒烟吧。"这套复习资料对我后来的人生产生了重大影响。现在我每当想起这件事，都会对父亲怀有崇敬之情，常常两眼都会湿润。（阿吾）

示例二（对常人的爱）：

后来多次听父母讲，我两三岁的时候险些被人偷走。一天，妈妈牵着我去菜市场，在菜市场门口碰到一位熟人，他们就攀谈起来。这时候，我挣脱了妈妈的手，自个儿乱走，被一个想偷小孩的妇女抓住了机会，抱起我就往汽车站跑。尽管一路上，我都在哭闹，也没有引起路人的注意。等到了汽车站前，街道执勤的童婆婆认出了我，质问抱着我的那位妇女："这不是唐孟恒的娃儿吗？"偷我的妇女吓得扔下我就跑了。遗憾的是，我小时候没有对童婆婆说一句谢谢，尽管在我心里一直把她当作恩人。（阿吾）

示例三（对事物的爱）：

一九八七年夏天，我去湖南张家界参加一个哲学会议。在此期间游览张家界风景区，其中之一是“十里画廊”。我们一行人说说笑笑走了大约半个小时，然后爬上一座山丘，透过树枝，对面的景象让我们突然安静了下来。在我们面前，从左到右目力所及之处，每一座山峰都秀丽无比，就像一幅人工画卷。好几位同行的人都发出了同样的赞叹：“真美！”“太震撼啦！”（阿吾）

第四节：范文学习

卖火柴的小女孩

作者：（丹麦）安徒生；翻译：叶君健

天冷极了，下着雪，又快黑了。这是一年的最后一天——大年夜。在这又冷又黑的晚上，一个乖巧的小女孩，赤着脚在街上走着。她从家里出来的时候还穿着一双拖鞋，但是有什么用呢？那是一双很大的拖鞋——那么大，一向是她妈妈穿的。她穿过马路的时候，两辆马车飞快地冲过来，吓得她把鞋都跑掉了。一只怎么也找不着，另一只叫一个男孩捡起来拿着跑了。他说，将来他有了孩子可以拿它当摇篮。

小女孩只好赤着脚走，一双小脚冻得红一块青一块的。她的旧围裙里兜着许多火柴，手里还拿着一把。这一整天，谁也没买过她一根火柴，谁也没给过她一个硬币。

可怜的小女孩！她又冷又饿，哆哆嗦嗦地向前走。雪花落在她金黄的长头发上，那头发打成卷儿披在肩上，看上去很美丽，不过她没注意这些。每个窗子里都透出灯光来，街上飘着一股烤鹅的香味，因为这是大年夜——她可忘不了这个。

她在一座房子的墙角里坐下来，蜷着腿缩成一团。她觉得更冷了。她不敢回家，因为她没卖掉一根火柴，没挣到一个钱，爸爸一定会打她的。再说，家里跟街上一样冷。他们头上只有个房顶，虽然最大的裂缝已经用草和破布堵住了，风还是可以灌进来。

她的一双小手几乎冻僵了。啊，哪怕一根小小的火柴，对她也是有好处的！她敢从成把的火柴里抽出一根，在墙上擦燃了，来暖和暖和自己的小手吗？她终于抽出了一根。哧！火柴燃起来了，冒出火焰来了！她把小手拢在火焰上。多么温暖多么明亮的火焰啊，简直像一支小小的蜡烛！这是一道奇异的火光！小女孩觉得自己好像坐在一个大火炉前面，火炉装着闪亮的铜脚和铜把手，烧得旺旺的，暖烘烘的，多么舒服啊！哎，这是怎么回事呢？她刚把脚伸出去，想让脚也暖和一下，火柴灭了，火炉不见了。她坐在那儿，手里只有一根烧过了的火柴梗。

她又擦了一根。火柴燃起来了，发出亮光来了。亮光落在墙上，那儿忽然变得像薄纱那么透明，她可以一直看到屋里。桌上铺着雪白的台布，摆着精致的盘子和碗，肚子里填满了苹果和梅子的烤鹅正冒着香气。更妙的是这只鹅从盘子里跳下来，背上插着刀和叉，摇摇摆摆地在地板上走着，一直向这个穷苦的小女孩走来。这时候，火柴灭了，她面前只有一堵又厚又冷的墙。

她又擦着了一根火柴。这一回，她坐在美丽的圣诞树下。这棵圣诞树，比她去年圣诞节透过富商家的玻璃门看到的还要大，还要美。翠绿的树枝上点着几千支明晃晃的蜡烛，许多幅美丽的彩色画片，跟挂在商店橱窗里的一个样，在向她眨眼睛。小女孩向画片伸出手去。这时候，火柴又灭了。只见圣诞树上的烛光越升越高，最后成了在天空中闪烁的星星。有一颗星星落下来了，在天空中划出了一道细长的红光。

“有一个什么人快要死了。”小女孩说。唯一疼她的奶奶活着的时候告诉过她：“一颗星星落下来，就有一个灵魂要到上帝那儿去了。”

她在墙上又擦着了一根火柴。这一回，火柴把周围全照亮了。奶奶出现在亮光里，是那么温和，那么慈爱。“奶奶！”小女孩叫起来，“啊！请把我带走吧！我知道，火柴一灭，您就会不见的，像那暖和的火炉，喷香的烤鹅，美丽的圣诞树一个样，就会不见的！”

她赶紧擦着了一大把火柴，要把奶奶留住。一大把火柴发出强烈的光，照得跟白天一样明亮。奶奶从来没有像现在这样高大，这样美丽。奶奶把小女孩儿抱起来，搂在怀里。她俩在光明和快乐中飞走了，越飞越高，飞到那没有寒冷，没有饥饿，也没有痛苦的地方去了。

第二天清晨，这个小女孩坐在墙角里，两腮通红，嘴上带着微笑。她死了，在旧年的大年夜冻死了。新年的太阳升起来了，照在她小小的尸体上。小女孩坐在那儿，手里还捏着一把烧过了的火柴梗。

“她想给自己暖和一下。”人们说。谁也不知道她曾经看到过多么美丽的东西，她曾经多么幸福，跟着她奶奶一起走向新年的幸福中去。

安徒生简介及《卖火柴的小女孩》解读

汉斯·克里斯汀·安徒生（1805—1875），丹麦19世纪童话作家，被誉为“世界儿童文学的太阳”。安徒生的代表作有《小锡兵》《海的女儿》《拇指姑娘》《卖火柴的小女孩》《丑小鸭》《皇帝的新装》等。

（1）请同学们寻找并分享这篇童话打动自己的地方。

A 感动的触发点　B 感动时的环境特征　C 感动时的心理活动

（2）网上有一个“世界著名童话故事排行榜”，《卖火柴的小女孩》高居榜首，很多人读过它以后都有明显的感动。这个童话故事的感动点至少有三个：

感动点 1　在寒冷的冬天，一位乖巧的小女孩穿着一双大拖鞋，被两辆飞快的马车惊吓得跑掉了鞋，只好赤脚走路，一双小脚被冻得红一块青一块的。

感动点 2　小女孩点燃一根火柴取暖，一道奇异的火光，让她觉得自己好像坐在一座大火炉前面。

感动点 3　小女孩赶紧擦燃一整把火柴，要把奶奶留住。对于她来说，这个世界没有光明、没有温暖，只有奶奶让她无比留恋。她知道，火柴一灭，慈爱的奶奶就会消失。

以上三个感动点，都与场景和故事有关。

第五节：感恩训练（三）

◁ 感恩训练之三：请妈妈讲你出生的故事（续）

上一次课请同学们自由采访妈妈和爸爸，了解自己出生的故事。现在，请同学们分享一下采访的成果。

也许多数同学都是第一次进行采访，谈不上专业，问妈妈、爸爸的问题不够具体，得到的回答也就不够周全。我们下一次课的作文练习，就是写《听妈妈讲我出生的故事》。为了让同学们把这篇作文写好，现在我教同学们比较专业的采访方法。

第一步，请同学们向妈妈集中了解你出生前后那几天的事情。比如：

（1）妈妈什么时候去的医院，怎么去的？

（2）妈妈在医院等候生产的时候，有什么故事吗？

（3）妈妈在产房里生产的时候，有什么故事吗？

（4）妈妈生你的时候是顺产还是剖腹产，生了多久把你生下来？

（5）你刚出生的时候，有什么特征？比如，体重、肤色、哭声大小等。

第二步，如果你出生那几天内容不够丰富，可往前问妈妈十月怀胎期间的故事，也可往后问你出生之后到满月或百日之间的故事。

第三步，你特别要问的是，哪一件事情是妈妈（爸爸）印象最深刻的，并追问这件事的相关细节，以及妈妈（爸爸）当时的心理活动。

第四讲 作文练习（一）

同学们，我们每四讲为一个单元，每个单元做一次作文练习。前面三讲，尽管我们没有写一篇完整的作文，但是向大家阐述了阿吾感动写作最基本的理念，是为写好一篇作文所做的准备。

第一讲中，我告诉同学们一篇好作文有一条综合标准，就是能够让读者感动。同学们写的作文要想让读者感动，唯一的办法是在作文中写曾经让自己感动的事情。第二讲中，我告诉同学们感动人的事情分成四个级别：印象深刻、心有触动、明显感动、强烈感动。能够用来写作文的感动经历，一般具有三大要素，也就是感动三要素：核心是感动点、背景是环境特征、意义常常在心理活动之中。如果同学们要想得到较多、较好的感动经历，那么就需要关注生活、拥有爱心、注意自己内心的微妙变化。第三讲中，我告诉同学们爱是感动的源泉，一个人是否拥有一颗爱心跟其价值观密切相关。爱是一段感动经历背后的深层次逻辑，同学们可以用爱的分类来归纳整理自己的作文素材。

前面三讲，我一直在对同学们做感恩训练。感恩是一个人有爱心最基本、最重要的表现。感动从感恩开始。

今天第四讲，我将让同学们写一篇作文，题目是《听妈妈讲我出生的故事》。在写作文之前，我先给同学们讲讲写作文是一件什么样的事情，教同学们写好作文时可以培养的一种新思路。

第一节：写作文这件事情

同学们，你可能写过几十、几百篇作文了，你能告诉我写作文是在做一件什么事情吗？

你们可能会这样告诉我：

——写作文就是写作文呗。

——写作文就是写呗。

——写作文就是编故事呗。

——写作文就是胡编乱造呗。

——写作文就是想象呗。

——写作文就是唱高调呗。

……

以上这些说法都有对的部分，但不全对。

在我看来，写作文这件事情，不管写什么内容，都可以分成两个过程：一是“想”，二是“写”。一个人写作文首先需要想，也就是思维活动，没有思维活动就不可能写。可是，一个人有了思维活动就能够写出来吗？我的经验是不一定。

“想”，尽管只有一个字，可是包罗万象啊！比如：

（1）想什么？

（2）怎么想？

（3）先想什么？后想什么？

（4）想多还是想少？

（5）想快还是想慢？

（6）为什么想？

（7）为什么不想？

凡此种种，一个没有接受过专门训练的人肯定会感到为难。“想”只是作文的开始，作文最终还得“写”出来。从“想”到“写”，既有先天的困难，也有后天的困难。

“写”，无论你用一只手写字还是用两只手敲键盘，都需要面临这样一些问题：

（1）想，并不完全受人控制。

（2）那么，哪些该写？哪些不该写？

（3）想，常常比写更快。

（4）常常写不完想的。

（5）知道有些该写，可是想不起来了。

（6）你写的别人能够读明白吗？

凡此种种，一个没有接受过专门训练的人肯定也会感到为难。感动写作课程就是帮助同学们解决写作文的素材，以及迈过“想”与“写”等障碍的专门训练。这个训练的基础之一，就是请同学们记住：

（1）写作文就是写自己对生活的真实感受。

（2）生活其实就是吃、穿、住、行、学习、工作、玩乐。

第二节：写作文的大思路

同学们了解了写作文这件事情，有助于理解写作文的思路。我的感动写作训练方法，是把写作思路分成大思路和小思路两个部分。现在，我先给同学们介绍写作文的大思路。大思路解决选择作文素材的问题，小思路解决把素材写成作文的构思问题。

写作文的大思路包括三个步骤，第一步是审题或拟题，第二步是回忆相关的感动经历，第三步是构思。

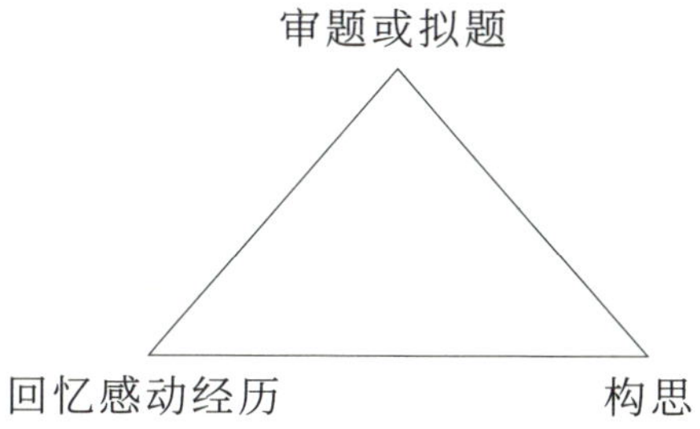

（作文大思路图示）

四 1. 审题或拟题

同学们平常写作文，跟作家的创作不同。作家们的多数创作，都是自定题目、自定体裁，有感而发，写多写少自己说了算。同学们的作文在题目、体裁、内容、字数上都需要满足一定的要求。审题是写作文的第一个步骤。某些作文，出题人只给出了要求，没有给出具体题目，或者没有给出完整的题目。这时候就需要同学们去补充完整作文题目，或者自己确定一个作文题目，也就是拟题。在这一讲中，我只讲有具体作文题目的审题。

所谓审题，就是理解出题者的要求，深入思考和反复推敲作文题目。这里，我教同学们一种审题的方法，关键词分析法。

一个作文题目，短则一个词，长则一句话，最常见的是一个词组。比如，“秋天”是一个词，“我的暑假生活”是一个词组，“我在北京登长城”是一句话。无论一个词，还是一个词组、一句话，我们都可以通过关键词分析来深入思考和反复推敲作文题目。

举例来说，今天同学们要写的作文题目是《听妈妈讲我出生的故事》，这个题目看起来比较复杂，词比较多——听、妈妈、讲、我、出生、故事，一共有 6 个，但关键性的词或词组可以缩减为 3 个——故事、我出生的、听妈妈讲。关键词则是“听妈妈讲”。因为多数人的长期记忆形成于 3 岁左右，很少有人记得自己亲身经历的出生过程，所以说自己出生的故事大多是听妈妈讲的。同学们通过对作文题目关键词的联系分析，将会更精准地明白作文该写什么内容。

另外，同学们在对题目做关键词分析的同时，也不要忘记仔细阅读出题者对作文体裁、字数等的附加要求。

2. 回忆相关的感动经历

写作文的大思路最重要的步骤是第二步，也就是审完题以后回忆相关的感动经历。善于出题的人出的作文题目，一定是同学们有相关生活经历的。同学们能否就某个题目写一篇好作文的关键在于，同学们是否在生活中有相关的感动经历。这样的经历需要同学们在日常生活中去积累。同时，同学们也不要把感动经历理解得太狭隘，如一定要催人泪下之类什么的。同学们印象深刻、心有触动的经历就可以作为作文素材，只要有真情实感，它们也能打动读者。

审完题后，同学们为什么需要先回忆感动经历？有一些语文老师教学生写作文，常常误导学生审题后就开始构思，急于考虑作文的立意、结构，然后再去找符合立意、结构的生活经历。这是一种主题先行的作文思路，是一种事倍功半的做法。主题先行容易让同学们写的作文流于概念化，内容空洞。

感动写作倡导的是感动牵引，也就是暂时不去想作文题目的思想意义，先去回忆生活中有关的感动经历。感动牵引可以帮助同学们迅速找到可写的内容，而且这些内容会有感人的力量。一件感人的事情，它本身自带丰富的思想意义。同学们想起了相关的感动经历，再去构思就顺理成章。

3. 构思

同学们写作文没有相关的感动经历，构思就像“巧妇难为无米之炊”。同学们一旦回忆起相关的感动经历，不仅有了做饭菜的食材，而且马上充满激情。感动写作的“构思”，其实就是妙用“感动三要素”，也是我的“写作文的小思路”。

第三节：写作文的小思路

同学们在写一篇作文之前，第一步要审题，第二步要回忆相关的感动经历。当同学们回忆起相关的感动经历时，就可以用“感动三要素”——环境特征、感动点、心理活动来构思一篇作文了。

从重要性来看，感动三要素第一重要的是感动点，环境特征和心理活动次之。从一件事情的发生发展过程来看，顺序是环境特征在先，感动点在后，心理活动要么最后，要么穿插其间。

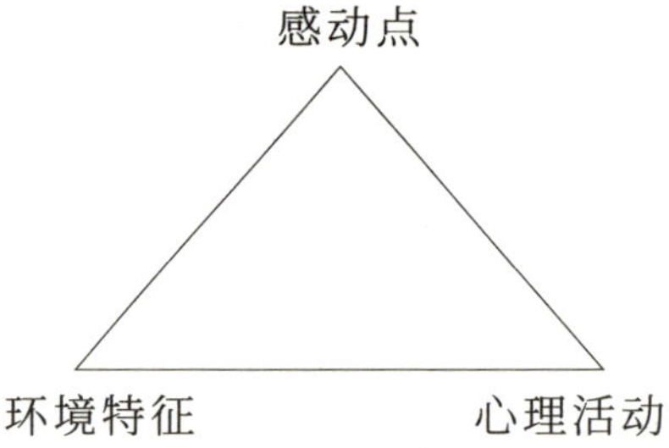

（作文小思路图示）

1. 环境特征

尽管一篇作文最重要的内容是感动点部分，并不是环境特征部分，但是环境特征部分却是字数占比最多的。

简单地说，一段感动经历的环境特征就是那段经历的过程，特别是感动点产生的环境或背景。我之所以强调“特征”二字，是因为一件事情可多写，可少写，究竟写多少，取舍的主要标准是让读者理解感动点。也就是说，跟感动点有关的就写，跟感动点无关的就不写。像素写静物那样，“抓特征”是同学们写好感动经历背景的要领。

以《一杯鲜奶》为例，穷学生郝伟勤工俭学，挨家挨户上门推销产品是大环境特征，有一天没有推销出任何产品并饥肠辘辘无钱吃饭是小环境特征。

四 2. 感动点

所谓感动点，就是一件事情让人感动的那个细节。感动人的事情一定有一个细节，为此我才强调感动是一个点。同时，这个细节是影响读者情绪的一个“爆炸点”。读者没有读到这个细节之前，情绪相对平稳；一旦读到这个细节，情绪立即被引爆。

感动的细节在多数时候都写不出多少文字，但它是作文的高潮部分。同样以《一杯鲜奶》为例，这个故事有两个感动点：第一个是穷学生郝伟敲门向一位年轻漂亮的女孩要一杯水喝，女孩给了他一杯鲜奶；第二个是多年后女孩病重，遇到的医生正好是郝伟，当女孩病愈打开账单时读到一句话：“一杯鲜奶足以付清全部的医药费。”

3. 心理活动

印象深刻、心有触动、明显感动、强烈感动的生活经历，都会让同学们产生真情实感。特别是在感动点时，每个人或多或少都会产生一些心理活动。这些心理活动要么对感动经历做一番总结，要么把感动者的思绪引向深入。多数情况下，同学们可以用进入感动点时的心理活动作为作文的结束语。这样的结束语，常常会是好词好句，同时是作文的立意升华。

故事《一杯鲜奶》在高潮点出现后，女孩的心理活动即是故事的结尾：眼中噙着感激的泪水，账单握在发抖的手中，想起郝医生对自己善良的回馈。感叹当年自己只做了一件微不足道的小事，没想到，却得到了这么多的回报。

第四节：范文学习

背　影

朱自清

我与父亲不相见已二年余了，我最不能忘记的是他的背影。那年冬天，祖母死了，父亲的差使也交卸了，正是祸不单行的日子，我从北京到徐州，打算跟着父亲奔丧回家。到徐州见着父亲，看见满院狼藉的东西，又想起祖母，不禁簌簌地流下眼泪。父亲说，“事已如此，不必难过，好在天无绝人之路！”

回家变卖典质，父亲还了亏空；又借钱办了丧事。这些日子，家中光景很是惨淡，一半为了丧事，一半为了父亲赋闲。丧事完毕，父亲要到南京谋事，我也要回北京念书，我们便同行。

到南京时，有朋友约去游逛，勾留了一日；第二日上午便须渡江到浦口，下午上车北去。父亲因为事忙，本已说定不送我，叫旅馆里一个熟识的茶房陪我同去。他再三嘱咐茶房，甚是仔细。但他终于不放心，怕茶房不妥帖；颇踌躇了一会。其实我那年已二十岁，北京已来往过两三次，是没有甚么要紧的了。他踌躇了一会，终于决定还是自己送我去。我两三回劝他不必去；他只说，“不要紧，他们去不好！”

我们过了江，进了车站。我买票，他忙着照看行李。行李太多了，得向脚夫行些小费，才可过去。他便又忙着和他们讲价钱。我那时真是聪明过分，总觉他说话不大漂亮，非自己插嘴不可。但他终于讲定了价钱；就送我上车。他给我拣定了靠车门的一张椅子；我将他给我做的紫毛大衣铺好坐位。他嘱我路上小心，夜里警醒些，不要受凉。又嘱托茶房好好照应我。我心里暗笑他的迂；他们只认得钱，托他们直是白托！而且我这样大年纪的人，难道还不能料理自己么？唉，我现在想想，那时真是太聪明了！

我说道，爸爸，你走吧。他望车外看了看，说，我买几个橘子去。你就在此地，不要走动。我看那边月台的栅栏外有几个卖东西的等着顾客。走到那边月台，须穿过铁道，须跳下去又爬上去。父亲是一个胖子，走过去自然要费事些。我本来要去的，他不肯，只好让他去。我看见他戴着黑布小帽，穿着黑布大马褂，深青布棉袍，蹒跚地走到铁道边，慢慢探身下去，尚不大难。可是他穿过铁道，要爬上那边月台，就不容易了。他用两手攀着上面，两脚再向上缩；他肥胖的身子向左微倾，显出努力的样子。这时我看见他的背影，我的泪很快地流下来了。我赶紧拭干了泪，怕他看见，也怕别人看见。我再向外看时，他已抱了朱红的橘子望回走了。过铁道时，他先将橘子散放在地上，自己慢慢爬下，再抱起橘子走。到这边时，我赶紧去搀他。他和我走到车上，将橘子一股脑儿放在我的皮大衣上。于是扑扑衣上的泥土，心里很轻松似的，过一会说：“我走了，到那边来信！”我望着他走出去。他走了几步，回过头看见我，说，“进去吧，里边没人。”等他的背影混入来来往往的人里，再找不着了，我便进来坐下，我的眼泪又来了。

近几年来，父亲和我都是东奔西走，家中光景是一日不如一日。他少年出外谋生，独力支持，做了许多大事。那知老境却如此颓唐！他触目伤怀，自然情不能自已。情郁于中，自然要发之于外；家庭琐屑便往往触他之怒。他待我渐渐不同往日。但最近两年的不见，他终于忘却我的不好，只是惦记着我，惦记着我的儿子。我北来后，他写了一信给我，信中说道："我身体平安，惟膀子疼痛厉害，举箸提笔，诸多不便，大约大去之期不远矣。"我读到此处，在晶莹的泪光中，又看见那肥胖的，青布棉袍，黑布马褂的背影。唉！我不知何时再能与他相见！

四 阅读与理解：

如果以《背影》为题写一篇作文，同学们会想起什么样的感动经历呢？民国时代著名散文家朱自清（1898—1948）先生想起的就是他读大学时，一次父亲在南京火车站送他北上，去为他买橘子的背影。

这篇散文共有 6 个自然段，其中前面 4 个自然段是大、中环境。第 5 自然段最长，既有小环境，又有感动点。第 6 自然段是作者的心理活动。

第五节：作文练习（一）

1. 题目：听妈妈讲我出生的故事

2. 要求：

（1）根据对妈妈等亲人的真实采访内容来写。

（2）三年级不少于260字，四年级不少于300字，五年级不少于400字，六年级不少于500字，七年级及以上不少于600字。

（3）须在60分钟内完成。

第五讲　感动体验训练的方法（上）

我反复强调，一篇作文要打动别人，首先要打动自己，要打动自己，就要把曾经感动过自己的事情写到作文里面去。这就要求同学们在日常生活中不断积累感动素材。感动体验训练是阿吾感动写作的三大法宝之一，它能有效地帮助同学们积累感动素材，解决作文没东西可写的困难。这两讲，我将给同学们介绍感动体验训练的一些基本方法。今天这一讲，我将分别讲述感动前做什么、感动时做什么和感动后做什么。对于一个有准备的人来说，感动无处不在。

第一节：感动前做什么？

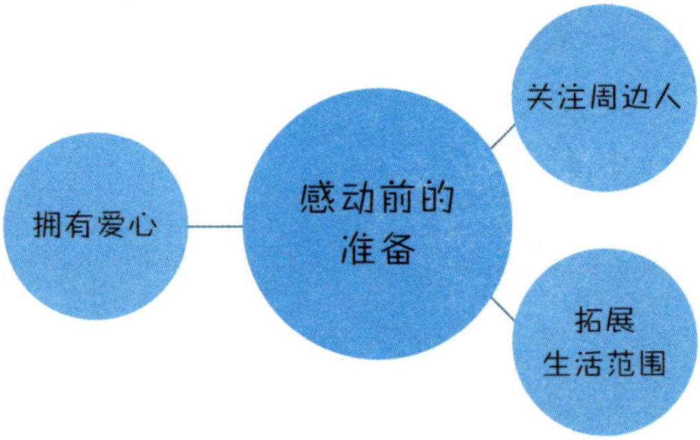

感动是上天给我们的礼物，它特别钟爱那些有准备的人。为了迎接更多的感动，同学们需要做好三项“准备运动”：一是拥有一颗爱心，从感恩开始；二是学会关注周边人的活动；三是拓展生活范围。

1. 学会感恩既是基础也是关键

同学们要有好的感动，首先需要预备一颗感恩的心。如何学会感恩，没有什么神秘的地方，就是从说“谢谢”开始。同学们每天至少要说30次“谢谢”，首先向爸爸、妈妈说；另外，只要有人为你做了事情就要马上说“谢谢”，不要区分哪些是他人额外为你做的；哪些是他人有义务为你做的；哪些是你付费，别人必须为你做的。

其实学会说“谢谢”并不难，难的是长期坚持。同学们一听每天要说30次“谢谢”，可能会觉得太多了。其实并不算多，有人统计，日本人每天会说上100次的日常用语超过30个，包括：“你好”“不好意思”“麻烦你”“谢谢”“没什么”等。多数美国人更是每天把“谢谢”挂在嘴边，平均每天要说一两百次，最多的甚至超过1000次。

同学们认真想一想，一天说30次“谢谢”真的不难。从早上起床一直到学校上学，向家人说上5至10次“谢谢”不算多。爸爸叫你准时起床可以说一声“谢谢”，妈妈给你端上早餐可以说一声“谢谢”，爸爸给钱去买老师推荐的课外书可以说一声“谢谢”，吃完早餐可以说一声“谢谢”，坐爸爸的车去学校下车时可以说一声“谢谢”。按照这样的思路算下去，同学们白天在学校一天说上10至20次“谢谢”很容易，放学后回到家再说上10至20次“谢谢”也不在话下。

同学们平时要注意常常练习这些句式，把自己的感恩从形式深入到内容。

a. 妈妈，我今天要感谢您，因为……

b. 爸爸，我今天要感谢您，因为……

c. 王老师，我今天要感谢您，因为……

d. 小明（同学），我今天要感谢你，因为……

e. 李叔叔（保安），我今天要感谢您，因为……

2. 学会关注周边人的活动

同学们学会了感恩，有了一颗爱心，这是学会感动的主观条件。感动的发生还需要一定的客观条件来触发。当同学们学会关注生活，关注周边人的活动，就会经常遇到某些客观条件触发的感动。比如：

（1）关注父母的活动。

（2）关注老师的活动。

（3）关注同学的活动。

（4）关注上学、放学路上熟悉的人的活动。

（5）关注周末生活中熟悉的人的活动。

（6）关注一些特殊的陌生人的活动。

感动来源生活，感动喜欢热爱生活的人，同学们一定要在日常生活、学习中，多关注周边的人和事，从生活中挖掘作文素材。

3. 拓展生活范围

现在同学们的学业都比较繁重，日常生活的范围比较狭窄，基本是“两点一线一屏”。我希望大家能突破日常生活边界，拓展生活范围。由此写作文才能文思泉涌。

我建议同学们拓展生活的重点可以放在以下几个方面：

（1）在家里承担一定的家务。

（2）参加一些社会公益活动，关注社会弱势群体。

（3）定期和爸爸妈妈一起进行户外活动，比如每周一次一小时的远足。

（4）找时间（比如寒暑假）去爸爸妈妈的工作单位，了解父母的工作流程，以及了解他们所在的行业。

第二节：感动时做什么？

也许有的同学会觉得这个问题有点可笑。感动时做什么？感动呗。难道一个人感动的时候还需要顾及其他的事情吗？这种说法自然有其道理，那就是一个人感动的时候，要尽量让感动自然发生。但这种说法又不够周全，因为它没有考虑到一个人感动时可能会遇到种种干扰，也没有把感动体验的目标确定为将来写作的素材。

1. 感动时的五大要点

同学们要想把自己经历的一次感动用来写作文，依我多年的写作经验需要注意五大要点：

（1）避开干扰，专注于感动。

（2）让感动尽量持久。

（3）抓住感动点。

（4）记住感动时的环境特征。

（5）关注自己的心理活动。

下面，我从两大方面对这五大要点进行说明。

2. 专注感动，延长感动

感动随时都有可能发生。当一个人感动时，他有可能正在忙于某件事情，或者正跟某些熟人在一起，而其他人可能并不知道他感动了。这种时候，感动者需要学会暂时避开干扰，专注于感动。我特别要强调两点，一个是知道自己感动了就专注于感动，另一个是某些干扰可以避开就要尽量避开。只有专注于感动，才能有更好的感动体验。

同学们还要明白，当一个人感动的时候，如果他的感动持续时间长，有可能内容会更加丰富，同时也只有感动持续一定时间，才能更好地抓住感动点。因此，同学们感到感动的时候一方面要专注于感动，另一方面要让感动尽量持久。

3. 把握好感动的三要素

我在第二讲《寻找感动》中讲过感动三要素：也就是感动点、环境特征和心理活动。所谓感动点，是指触发感动的具体信息、细节；环境特征，是指产生感动的环境、过程；心理活动，是指感动时的情绪、想法。我们在感动的时候，一定要做好对感动三要素的处理，因为它们正是一篇好作文的素材、内容。

（1）抓住感动点。

感动常常是一件让人愉快的事情。同学们要知道一个规律，就是愉快的事情忘记得快，痛苦的事情记忆深刻。一个人感动之后，很容易忘记感动时的一部分细节。同学们什么细节都可以忘记，“感动点”这个细节千万要牢牢记住，因为它是决定一篇作文好与不好的分水岭。如果同学们忘记了感动点，那么这个感动体验就严重残缺不全了。同学们感动的时候，既要让感动发展、深化，又不能忘记感动点。

（2）记住感动时的环境特征。

为了把感动体验生动形象地传递给别人，同学们需要还原感动时的内外部环境，特别是可感知的外部环境。

以我的一个小故事为例：

有一天早上，我下楼买早餐，出小区左转一百米直奔一家小笼包店。买好小笼包和茶叶蛋往回走，路上我看见对面街边新开了一家卖豆浆的摊档，门前的旧式大保温桶引起我的兴趣。我边问价钱边向街对面走去，四十岁左右的女老板赶忙拿上一杯豆浆给我送过来。我接过豆浆，她接过钱。我正转身离开时，女老板叮嘱我：“豆浆很烫，喝的时候小心。”在惠州龙丰市场的一条嘈杂小街上，就这么一句话，让我听起来特别的亲切，仿佛回到了那个物资短缺的年代。

这是我日常生活中经历的一个小小感动，我抓住了感动点——那位女老板的叮嘱："豆浆很烫，喝的时候小心。"我也记住了感动时的外部环境——一条嘈杂的小街。

（3）关注自己的心理活动。

同学们感动时，除了记住感动时的外部环境，还要注意自己的内心活动。感动体验的质量高低，主要由两个方面决定，一个是感动点，另一个是感动者的内心活动。感动点主要由外部环境决定，感动者的内心活动则取决于感动者自身的情况，也就是感动者的个性、学识、修养、经验等。

对于一次感动体验来说，不管同学们的个性、学识、修养、经验如何，只要注意了自己的内心活动，感动都将得到升华，常常还会创造出好词好句。

第三节：感动后做什么？

当同学们有了一次感动体验之后，把它记录保存下来就是当务之急。怎样做好感动后的事情呢，我们要做五个方面的事情：

（1）感动一结束迅速在头脑中重复一遍感动过程。

（2）一有条件尽早记录感动三要素的关键词。

（3）最好在当晚入睡前写成感动素材。

（4）将感动素材按爱的分类进行分类保存。

（5）找机会应用。

下面我将就这五个方面分别做讲解。

1. 感动一结束迅速在头脑中重复一遍感动过程

大多数情况下，一个人不清楚自己的下一次感动将在什么时候发生，以及发生的时候自己身处什么样的场合。如果感动时并不适合做记录，那么我们需要做的事情是迅速在头脑中重复一遍感动过程。如果我们连迅速重复一遍的条件都不具备，那么一旦有了条件就要抓紧时间重复一遍。这样做的目的只有一个，感动对于我们来说太珍贵了，迅速重温一遍感动过程有助于让感动的记忆更加清晰、持久。

德国心理学家艾宾浩斯在1885年出版了《关于记忆》一书，他在这本专著中提出了著名的“遗忘曲线”，即：“刚学习到的知识首先以很快的速度被遗忘，然后会缓慢下来。而已经长时间记住的东西，则很难被彻底忘记。”具体地说，一件人们刚刚记住的事情，20分钟后就只记得58.2%，1小时后就只记得44.2%，9小时后就只记得35.8%，1天后就只记得33.7%，2天后只记得27.8%，6天后只记得25.4%，但一个月后还记得21.1%。

“艾宾浩斯遗忘曲线”教给我们记忆重要事情的一个方法，那就是当一件重要事情一结束，我们必须迅速在头脑中重复一遍。如果我们有机会在当天向亲朋好友分享一次这件重要事情，那么记忆的效果将会更好。

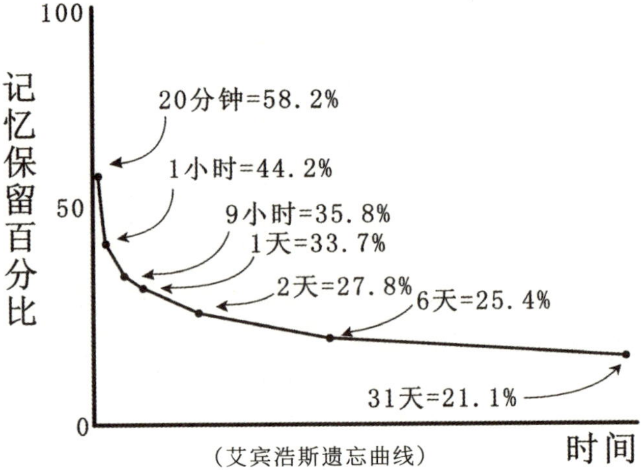

（艾宾浩斯遗忘曲线）

2. 一有条件尽早记录感动三要素的关键词

为了避免遗忘，同学们感动之后需要做的第二件事情，就是只要一有条件就记录下感动要素。以前一支笔一张纸可以做到这一点，现在智能手机的记事本、笔记本电脑、微信的语音功能都可以做到这一点。同学们可根据自己的条件灵活采用不同的方式。

感动三要素包括感动点、环境特征、心理活动。

根据“艾宾浩斯遗忘曲线”，同学们记录一次感动体验的要点最好在当天入睡之前。

3. 最好在当晚入睡前写成感动素材

如果时间允许，同学们有了一次感动体验之后，第三件要做的事情是把感动过程写成感动素材。

如果同学们有记日记的习惯，那么当天就可以把感动过程记录下来。如果当天没有时间，最好在周末完成，也就是不要超过5天。

感动素材跟感动要点不同的是更加形象和完整，建议同学们按照5W1H的模式记录：

When——什么时候；

Where——什么地点；

Who——什么人；

What——什么事；

Why——什么原因；

How——过程怎样。

以我前面买豆浆的小故事为例，它的5W1H分别是：

When——一天早上；

Where——住家小区旁边的街道；

Who——我与卖豆浆的女摊主；

What——买豆浆；

Why——早餐需要；

How——我过街去买豆浆，女摊主主动送过来，一手交钱一手交货，女摊主暖心的叮嘱。

4. 将感动素材按爱的分类进行分类保存

所谓分类保存，就是请同学们按照一定的分类方法，把感动素材进行分类，将来写作文的时候方便迅速查找或回忆起来。把感动素材按照爱的分类进行分类保存，就是一个很好的办法。

同学们还记得我在第三讲的时候，讲了什么是爱，并对爱进行了分类吗？我从接受对象不同将爱分为五类：对恋人的爱、对亲人的爱、对朋友的爱、对常人的爱和对事物的爱；从给予的事物不同将爱分为两大类四小类：一大类是物质的爱，又分为给予物品的爱和提供服务的爱两小类；另一大类是精神的爱，又可以分为用思想表达的爱和用行为表达的爱两小类。

这样一来，我们就可以把所有的爱分成 20 种（详见前文 049 页）。

当然，小学阶段的同学一般不用分得这么细，只要把感动体验素材重点按“亲人的爱”“常人的爱”“事物的爱”三大类进行整理即可。

5. 找机会应用

我不提倡同学们死记硬背。那么怎么才能不死记硬背又把重要的东西记住呢？一是理解，二是应用。理解可以帮助同学们更好地记忆，应用可以帮助同学们强化记忆。理解知识的过程本身就是一种有效的记忆，而一次应用知识的过程相当于多次记忆了这些知识。

同学们有了一次感动体验，如果能够应用它，既是最好的记忆，也是最好的升华。同学们经历了一次感动体验，把它讲给亲朋好友们听是一种应用，把它写进作文也是一种应用。

第四节：看图训练（一）

请同学们安静、认真地观看图片一，然后按要求分享感受。

（图片一）

1．老师介绍图片背景

2015年6月23日晚，菲律宾首都马尼拉，一名叫乔伊斯的大学生看到一个男孩在一家麦当劳外借助微弱的灯光，跪在一个小板凳前学习。乔伊斯把这一幕拍摄下来并发到网上，引起强烈反响，鼓舞了很多人。据报道，这位男孩叫丹尼尔，自从5年前他家被火烧毁之后，他就一直和母亲流落街头。当时他在母亲工作的食品摊后面的一个小木屋里居住。

2. 请同学们安静观看图片一

请同学们安静地观看图片一，不少于 3 分钟，然后闭上双眼想一遍刚刚看过的图片内容。

3. 请同学们分享感动三要素

首先问同学们有感动吗？四个级别中（印象深刻、心有触动、明显感动、强烈感动）哪一级？

再请同学们讲出感动点和环境特征。

最后请同学们分享观后感（心理活动）。

第五节：看图训练（二）

请同学们安静、认真地观看图片二，然后按要求分享感受。

（图片二）

1. 老师介绍图片背景

一根铁索、一个滑轮、一根布绳……云南省怒江州福贡县马吉乡的孩子们每天上学、放学都要溜索飞过怒江。

2. 请同学们安静观看图片二

请同学们安静地观看图片二，不少于 2 分钟，然后闭上双眼想一遍刚刚看过的图片内容。

3. 请同学们分享感动三要素

首先问同学们有感动吗？是四个级别中（印象深刻、心有触动、明显感动、强烈感动）哪一级？

再请同学们讲出感动点和环境特征。

然后请同学们分享观后感（心理活动）。

4. 讨论学习的目的

请问同学们：你为谁而学？

第六讲 感动体验训练的方法（下）

同学们想要在生活中得到更多、更好的感动体验经历，有一颗爱心和关注生活很重要。但是，只有爱心和关注生活并不够，因为生活与一颗爱心相遇还需要通过信息的传递。我们知道，每个人通过自己的感官接受生活中的信息，每个人感官的灵敏度直接影响接受外部信息的情况。

这一讲，我将训练同学们的感官。

第一节：关于感官

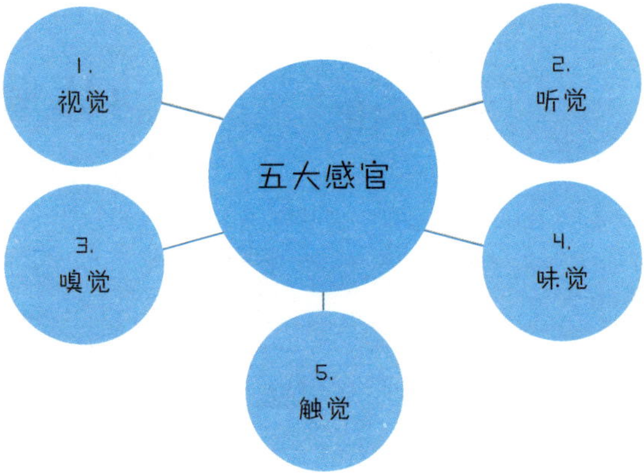

人的感官常用的有五种，它们就是眼、耳、鼻、舌、身，也称五大感官。我们的大脑是一切感官的中枢，眼睛是视觉，耳朵是听觉，鼻子是嗅觉，舌头是味觉，身体各个部位是触觉。我们人体的五大感官分别接收不同的信息，传递到大脑。除了熟知的五大感官外，一个人还有另外的感觉系统在发挥作用，比如保持身体平衡的平衡感，饥饿的感觉等，大约有

20 多种感觉系统。同学们写作文的时候，最常用到的还是五大感官。

下面，我对五大感官做一个简单介绍。

1. 视觉

我们接收的大多数信息来自视觉，眼睛也因此特别宝贵。眼睛接收外部信息的原理是这样的，光作用于视觉器官，让它的感受细胞兴奋，外部信息经过视觉神经系统加工后便产生视觉。人和动物通过视觉，感知到外界事物的大小、明暗、颜色、动静等信息。据专家们研究统计，我们人类至少 80% 以上的外界信息是通过视觉获得的。

2. 听觉

尽管听觉帮我们获取的信息量没有视觉那么多，但是听觉对我们每个人情绪的影响在所有感官中却是最大的。听觉是由耳、听神经和听觉中枢的共同活动来完成的。我们人的耳朵是听觉的外周感受器官，由外耳、中耳和内耳耳蜗组成。外耳和中耳是传音系统，内耳是感音系统。声波有频率、振幅和波长等物理参数，由此决定了听觉能够在音高、音响和音色上所体验的效果。人和动物根据物体的声音及其变化，可以辨别发声物体的性质及其方向和距离等。

声音引起我们人的情绪变化，这个过程跟感动体验紧密相关。同学们为了写好作文，把自己的耳朵训练好是大有用处的。

3. 嗅觉

对于写作文来说，视觉和听觉的重要性是第一位的。嗅觉、味觉、触觉对于写作文的来说，或许是第二位的。即使这样，同学们懂得应用嗅觉、味觉和触觉也十分必要，它们可以帮助大家丰富作文的内容。

人的嗅觉感受器位于鼻腔顶部，叫作嗅黏膜，这里的嗅觉细胞受到某些挥发性物质的刺激就会产生神经冲动，这种冲动沿嗅神经传入大脑皮质将会产生嗅觉。嗅觉的刺激物必须是气体物质，只有挥发性有味物质的分子，才能成为嗅觉细胞的刺激物。这些就是嗅觉的工作原理。

民以食为天。食物是每个人生存的基础，而食物的气味既诱惑人又十分有趣，同学们把它们写进作文有助于调动读者的情绪。同时，某些特殊的气味本身就能调动人的情绪。

4. 味觉

味觉是食物在人的口腔内对味觉器官进行刺激产生的一种感觉。一个人最基本的味觉有甜、酸、苦、咸、鲜五种。我们平常尝到的很多味道，都是这五种味觉混合的结果。此外，辣、麻味近年来被越来越多的人接受。

味觉的重要性主要跟食物有关，这一点跟嗅觉类似。嗅觉与味觉还有交叉作用。有趣的是，嗅觉是一种远感（远距离感觉），而味觉是一种近感（近距离感觉）。同时，味觉也是一种特殊的触觉。

5. 触觉

专家们给触觉的定义是，皮肤触觉感受器接触机械刺激产生的感觉。它的工作原理是这样的，皮肤表面散布着许多触点，触点的大小不尽相同，分布不规则，一般情况下指、腹最多，其次是头部，背部和小腿最少，所以指、腹的触觉最灵敏，而小腿和背部的触觉则比较迟钝。如果用纤细的毛轻触皮肤表面，只有当某些特殊的点被触及时，才能引起触觉。

第二节：感官激活

世界千奇百怪，生活丰富多彩，同学们要写好作文，在拥有爱心、关注生活之外，还要有灵敏的感官。感官激活是我的感动体验训练的一项重要内容。

同学们常有的误区是只用一两种感官感知世界，作文内容干巴巴的。其中最极端的误区是只有视觉方面的描述，听觉、嗅觉、味觉、触觉等都形同摆设。感官激活训练就是帮助同学们积极地把五大感官调动起来，既用眼睛看，也用耳朵听、鼻子闻、舌头尝、手指摸。

同时，我还要从写作文的需要出发，教给同学们看的技巧、听的技巧、闻的技巧、尝的技巧、摸的技巧。

在古今中外文学名著中，文学大师们把五大感官都调动起来，写出了不胜枚举的精彩作品。

第三节：范文片段学习

1. 朱自清散文《荷塘月色》片段

…………

曲曲折折的荷塘上面，弥望的是田田的叶子。叶子出水很高，像亭亭的舞女的裙。层层的叶子中间，零星地点缀着些白花，有袅娜地开着的，有羞涩地打着朵儿的；正如一粒粒的明珠，又如碧天里的星星，又如刚出浴的美人。微风过处，送来缕缕清香，仿佛远处高楼上渺茫的歌声似的。这时候叶子与花也有一丝的颤动，像闪电般，霎时传过荷塘的那边去了。叶子本是肩并肩密密地挨着，这便宛然有了一道凝碧的波痕。叶子底下是脉脉的流水，遮住了，不能见一些颜色；而叶子却更见风致了。

…………

点评：朱自清这段对月光下荷塘的描写，既有视觉的（曲曲折折的荷塘、叶子出水很高），也有听觉的和嗅觉的（微风过处，送来缕缕清香，仿佛远处高楼上渺茫的歌声似的）。

2. 沈从文长篇小说《边城》片段

…………

那人回到茶峒城边时，一见熟人就报告这件事，不多久，全茶峒城里外都知道这个消息了。河街上船总顺顺，派人找了一只空船，带了副白木匣子，即刻向碧溪岨撑去。城中杨马兵却同一个老军人，赶到碧溪岨去，砍了几十根大毛竹，用葛藤编作筏子，作为来往过渡的临时渡船。筏子编好后，撑了那个东西，到翠翠家中那一边岸下，留老兵守竹筏来往渡人，自己跑到翠翠家去看那个死者，眼泪湿莹莹的，摸了一会躺在床上硬僵僵的老友，又赶忙着做些应做的事情。到后帮忙的人来了，从大河船上运来棺木也来了，住在城中的老道士，还带了许多法器，一件旧麻布道袍，并提了一只大公鸡，来尽义务办理念经起水诸事，也从筏上渡过来了。家中人出出进进，翠翠只坐在灶边矮凳上呜呜的哭着。

…………

点评：沈从文（1902—1988）在《边城》这部长篇小说的最后一章，写到翠翠祖父去世。在以上片段中除写到视觉、听觉方面的内容，特别写到了触觉（自己跑到翠翠家去看那个死者，眼泪湿莹莹的，摸了一会躺在床上硬僵僵的老友，又赶忙着做些应做的事情）。

3. 卡夫卡中篇小说《变形记》（翻译：李文俊）片段

…………

格里高尔现在简直不吃东西了。只有在他正好经过食物时才会咬上一口，作为消遣，每次都在嘴里嚼上一个小时，然后又重新吐掉。起初他还以为他不想吃是因为房间里凌乱不堪，使他心烦，可是他很快也就习惯了房间里的种种变化。家里人已经养成习惯，把别处放不下的东西都塞到这儿来，这些东西现在多得很，因为家里有一个房间租给了三个房客。这些一本正经的先生——他们三个全都蓄着大胡子，这是格里高尔有一次从门缝里看到的——什么都要井井有条，不光是他们的房间里得整齐，因为他们既然已经是这个家庭的一员了，他们就要求整个屋子所有的一切都得如此，特别是厨房。他们无法容忍多余的东西，更不要说脏东西了。此外，他们自己用得着的东西几乎都带来了。因此就有许多东西多了出来，卖出去既不值钱，扔掉也舍不得。这一切都千流归大海，来到了格里高尔的房间。同样，连煤灰箱和垃圾箱也来了。凡是暂时不用的东西都干脆给那老妈子扔了进来，她做什么都那么毛手毛脚；幸亏格里高尔往往只看见一只手扔进来一样东西，也不管那是什么。她也许是想等到什么时机再把东西拿走吧，也许是想先堆起来再一起扔掉吧，可是实际上东西都是她扔在哪儿就在哪儿，除非格里高尔有时嫌碍路，把它推开一些，这样做最初是出于必须，因为他无处可爬了，可是后来却从中得到越来越多的乐趣，虽则在这样的长途跋涉之后，由于悒郁和极度疲劳，他总要一动不动地一连躺上好几个小时。

…………

点评：弗兰兹·卡夫卡（1883—1924）在他划时代作品《变形记》中，描写了一位年轻的推销员清晨醒来变成一只甲壳虫的故事。他在上面的片段里特别写到了变形后的人食之无味的味觉（只有在他正好经过食物时才会咬上一口，作为消遣，每次都在嘴里嚼上一个小时，然后又重新吐掉）。

第四节：远感训练

1. 感官激活训练之一：有顺序地观察一个对象

这是对视觉的激活训练。

（1）观察对象

一把香蕉，有五六只，很新鲜。

（2）观察顺序

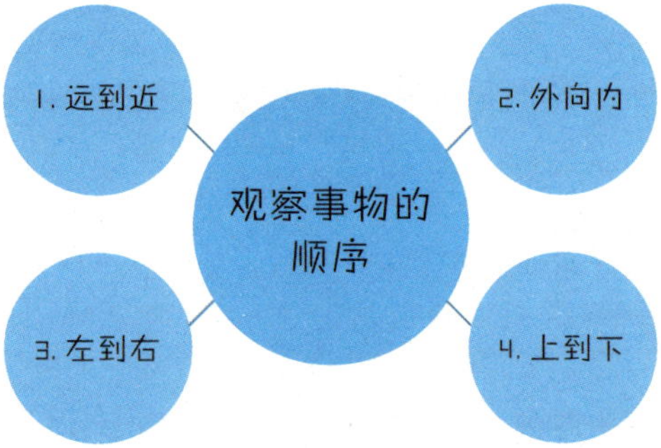

我们用视觉观察一个对象时，有顺序地观察可以起到两个方面的作用：一是这样的观察能够让以后的描写有顺序；二是尽量让重要的内容不被遗漏。

观察一个对象的重要顺序是：从远到近、从外向内、从左到右、从上到下。

正常情况下，我们了解一个对象的过程是从远到近，从外往内的。至于从左到右，从上到下，同学们在生活中不一定是这样的。为了使同学们训练有序，我们统一顺序为从左到右、从上到下。

一把香蕉，我们把它放在桌子上，弓起的外侧向上，头朝左，尾朝右。

（3）观察内容

首先，请同学们观察香蕉的颜色及其变化。

其次，请同学们观察香蕉的形状、大小、数量。

最后，请同学们观察一个细节——香蕉尾部的顶端。

2. 感官激活训练之二：闭上眼睛听周围的声音

这是对听觉的激活训练。

观察方法是请同学们闭上眼睛，安静地听周围有什么声音，注意分辨声音的高低、长短、性质（猜测是什么东西发出的声音）。

第一次，请同学们闭上眼睛随便听。

第二次，请同学们闭上眼睛从远往近听。

第三次，请同学们闭上眼睛从近往远听。

3. 感官激活训练之三：描述熟悉的气味

这是对嗅觉的激活训练。

（1）请同学们闻香蕉的气味并描述它。

（2）请同学们回忆并描述米饭糊了的气味。

（3）请同学们回忆并描述学校厕所的气味。

第五节：近感训练

4. 感官激活训练之四：吃香蕉并描述味道

这是对味觉的激活训练。

请同学们品尝新鲜的香蕉，然后描述香蕉的味道。

教同学们了解常见描述味道的词汇：热与冷、软与硬、脆与绵，以及甜、酸、苦、咸、鲜、香、辣、麻、臭等。

5. 感官激活训练之五：描述香蕉的手感

这是对触觉的激活训练。

请同学们现场感受：

（1）香蕉没有剥皮前的手感。

（2）香蕉剥皮后香蕉肉的手感。

（3）香蕉剥皮后香蕉皮的手感。

然后，请同学们对刚才的感受进行描述。

第七讲　生活拓展

没东西可写是中小学生作文的最大障碍，其原因，主要是同学们感动体验经历的积累不够。为了解决这个问题，我的感动写作从培养爱心、感官激活、拓展生活三大方面入手，帮助同学们解决困难、跨越障碍。这三大方面也是感动体验训练的内容和项目。

这一讲，我教同学们如何做生活拓展。下一讲将让同学们用来写作文。我的“感动写作线上课程”，每一期 17 讲，其中有一讲是生活拓展训练课。今天的生活拓展课，我建议同学们去农贸市场采风。我在惠州的面授作文班，这堂课是带同学们去学校附近的南门市场。我建议同学选择到离家近的农贸市场采风。

第一节：作文与生活

我在前面曾经给同学们讲过，写作文这件事情其实就是同学们写自己对生活的真实感受。这种说法，已经表明生活对于作文具有非同寻常的作用。

在文学界，有一种流行的说法——文学源于生活又高于生活。对于这种说法，我大部分认同，小部分不认同。我完全认同的是，没有生活肯定没有文学。从逻辑学的角度讲，这是说生活是文学的必要条件。

但是，生活是文学的充分条件吗？当然不是。

因为我们每个人都在生活，只是生活方式或生活内容不尽相同罢了，可是写出了文学作品的人却是少数。这说明生活并不是文学的充分条件。我们每个人都是妈妈生的，但是妈妈一个人并不能孕育孩子，妈妈是与爸爸一起孕育了孩子。妈妈是孕育孩子的必要条件，但是妈妈并不是孕育孩子的充分条件。

文学的充分条件是生活加上作家个人的创造。生活像是文学的爸爸，作家像是文学的妈妈。有了这样一番理解，我认同的说法是“文学源于作家和他的生活”。正是生活加上了作家的创造性工作，文学才可能高于生活。

在我看来，同学们写的作文不过是文学的初级阶段，它也离不开自己和他人的生活。我还有一个看法，文学越初级，生活越重要。文学越高级，作家的创造性工作越重要。对学习写作文的同学来说，生活确实太重要了。

许多作家的作品，都可以从生活中找到出处。最知名的一个例子是，美国作家海明威写《老人与海》的过程。

海明威（1899—1961），小时候受父亲影响喜欢钓鱼、打猎，中小学成绩优秀，可是拒绝读大学，18 岁中学毕业便到《堪萨斯城星报》做记者，19 岁参加第一次世界大战，多次立功、受伤。第二次世界大战期间，海明威作为随军记者，参加了解放巴黎的战斗。

一战结束后，海明威曾移居古巴，跟老渔民格雷戈里奥 ·

富恩特斯相识。1930 年，海明威乘的船在暴风雨中遇险，富恩特斯搭救了海明威。从此，二人结为好友，并经常一起出海捕鱼。1936 年，富恩特斯出远海捕到了一条大鱼，但由于鱼太大，在海上拖了很长时间，结果在归程中被鲨鱼袭击，回来时只剩下了一副骨架。当年，海明威在一本名为《乡绅》的美国杂志上发表了一篇散文，记载了这件事。但此事给海明威的触动太大了，他一直酝酿着把它写成小说。二战结束后海明威再次移居古巴哈瓦拉，1950 年圣诞节假期他产生了强烈的创作欲望，用 8 周时间写成了《老人与海》。

第二节：定期采风

我建议同学们拓展生活的方法之一，就是定期采风。今天的课，同学们将去农贸市场采风。

孔子搜集整理的《诗经》，其中来自民间的歌谣称为“风”。采风，在古代指的是搜集民歌。到了现代，采风指演员或作家下到基层去体验生活，搜集创作素材。

我建议，同学们为了写好作文，需要定期采风，也就是有计划地去有关民生大计的地方了解真实情况。今天教同学们去住家附近的农贸市场采风，就是给同学们做个示范。

第三节：农贸市场采风

1. 农贸市场简介

我们先来了解一下什么是农贸市场。按照百度百科的定义，农贸市场是农副产品生产者与消费者双方直接进行买卖活动的场所。一般指蔬菜、瓜果、水产品、禽蛋、肉类及其制品、粮油及其制品、豆制品、熟食、调味品、土特产等农产品和食品的零售场所，也指农村中临时或定期买卖农副业产品和小手工业产品的市场。

“交易而退，各得其所。”中国最古老的文献之一《易经》这样描述集市这一商业形态。司马迁的《史记》对集市也有描述：“古未有市，若朝聚井汲，便将货物于井边货卖，曰市井。”意思是说，从前并没有市场，人们在井边打水，便将货物在井边售卖，形成了最早的集市。

今天城镇的农贸市场，经营面积很大，经营的商品种类也很多。以惠州市惠城区南门市场为例，它历史悠久，据说作为集市有 100 年以上历史。现在的市场建筑启用于 1984 年，在 2011 年进行了升级改造。这里的产品非常丰富，涵盖了大部分人们日常生活所需的生鲜农产品和食品，甚至有人说，没有什么日常生活所需的东西是这里找不到的。这里还销售一些惠州特色农产品和加工食品，如梅菜、客家酿豆腐等。南门市场大体分为 8 个区：蔬菜区、水果区、豆制品区、禽肉区、猪牛羊肉区、水产区、烧腊区、日杂用品区。

2. 采风场所

建议同学们在住家附近选择一家大中型农贸市场作为采风场所。

什么样的农贸市场算是大中型农贸市场呢？主要标准有两条：一是农贸市场至少有四个区（蔬菜区、禽肉区、猪牛羊肉区、水产区）；二是蔬菜区和水产区至少有三家以上的经营户。

这样的要求主要是配合下一讲的作文练习。

3. 采风内容

（1）观察了解农贸市场的概貌，首先看看前面8个区中有几个区出现在同学们采风的农贸市场，然后在市场里分别按顺时针方向和逆时针方向各逛一圈。

（2）重点去蔬菜区和水产区采风。

在蔬菜区，选择一两个较大的摊位观察，首先看看自己是否认识8种以上蔬菜，请同学们记住它们的名字和特征；其次同学们看看有没有自己不认识的蔬菜，挑出一种做重点

观察，记住它的名字和特征。

在水产区，重点选择一家卖活鱼的摊位，首先看看自己认识几种鲜鱼，请同学们观察它们的特征；其次请同学们认真观察摊主卖鱼、杀鱼的过程及细节。

在以上两个重点区的摊位，留意商贩的性别、年龄、长相、表情、穿戴、动作语言等。

（3）观察方法

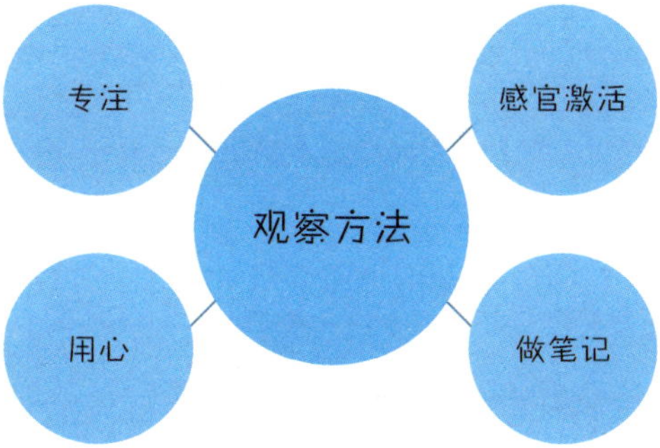

为了在参观过程中有更多的收获，请同学们遵循以下观察方法：

专注：参观过程要专注，发现吸引自己的事物时一定要安静观察。

感官激活：在农贸市场里要充分打开自己的五大感官，其中动手摸商品需征得商贩同意。

用心：留意自己的心理活动和感受。

做笔记：带上一个小本、一支笔，在采风过程中记录重点观察内容和心得。

温馨提醒：同学们去农贸市场前需要征求家长意见，需要家长陪同的请在家长带领下前往，在市场内需要讲文明、懂礼貌，不大声喧哗，不随意触碰商品，不影响商贩做买卖，遵纪守法。

第四节：当日回忆采风过程

采风结束后，回到家里同学们需要完成“感动后做什么”一节所讲的“重复记忆”。具体方法如下：

1. 请同学们静下心来，闭上眼睛，回想一遍参观过程

2. 请同学们用几个关键词写下印象深刻的事物

3. 请同学们回忆自己在农贸市场里的感受：

（1）看到了什么，当时想到了什么？

（2）听到了什么，当时想到了什么？

（3）闻到了什么，当时想到了什么？

（4）摸到了什么，当时想到了什么？

第八讲　作文练习（二）

转眼间，我已讲到第八讲，又到了同学们做作文练习的时候了。

第一节：复习写作文的思路

写作文首先要有正确的思路。我教给同学们写作文的思路有两个部分，一个部分是大思路，另一个部分是小思路。这两个部分合起来，可以说是我阿吾的一个“专利”。

1. 作文大思路

写作文的大思路，包括三个步骤：第一是审题或拟题，第二是回忆感动经历，第三是构思。

审题，是写作文的第一个步骤，就是去认真理解这篇作文的要求，一般有两个重点，一是对题目进行关键词分析，二是认真阅读关于内容、体裁、字数等附加要求。

回忆感动经历，就是围绕题目回忆自己的相关感动经历，看有哪段经历、哪个故事适合应用在这篇作文里。如果不能一下子想到合适的感动经历，可运用“爱的分类”这个辅助工具，在记忆库或素材库里进行搜索。

构思，就是围绕感动三要素进行谋篇布局，也就是进入“作文小思路”。

2. 作文小思路

作文小思路就是围绕感动三要素进行作文的谋篇布局。

感动点最重要，同学们回忆起感动经历后，第一件事情就是要确定感动经历的感动点。确定感动点之后，同学们还要回忆完整出现感动点的环境特征，以及出现感动点后的心理活动。想好了感动三要素，同学们可以动笔写作文了，先写环境特征，字数最多；一直写到感动点，感动点一般字数没有环境特征多；最后写心理活动。

3. 举例说明

这里以2018年上海市中考作文题目为例，说明写作文的大思路、小思路。

作文原题如下：

写作（60分）

题目：真的不容易

要求：

（1）写一篇600字左右的文章。

（2）不得透露个人相关信息。

（3）不得抄袭。

大思路的三步骤：

（1）审题

对题目《真的不容易》进行关键词分析：两个关键词，一个是“不容易”，一个是“真的”。重点是“不容易”，“真的”是强调不容易。

结合附加要求，写一篇600字左右的文章，对文体没有要求，可以写记叙文，也可以写议论文，那就写记叙文吧。

写一件不容易的事情，主角可以是别人，也可以是自己。从感动人的角度，写别人也许更真实感人。

（2）回忆相关感动经历

审题之后，同学们可以闭上眼睛想一想，在过去的生活中，自己亲眼看到过什么人、什么事情，让你们感叹“不容易”的？想好了，就可以考虑转入下一步“构思”。

这里，我结合同学们刚去过农贸市场，补充说两句。在农贸市场里，同学们是否注意到卖活鱼的阿姨不容易？看看她的穿戴，看看她用手捉鱼，看看她挥刀杀鱼，似乎都不容易。

（3）构思（这一步转入小思路）

小思路的三步骤：

①写环境特征；

②一直写到感动点；

③最后写心理活动点题结束。

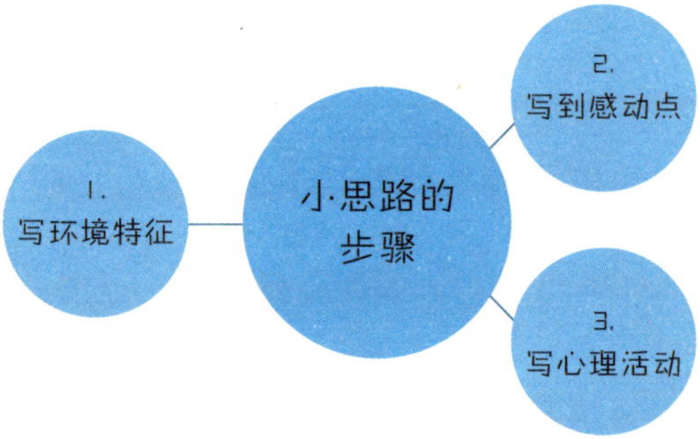

第二节：回忆农贸市场采风过程

为了写好今天的命题作文，我现在先帮助同学们回忆一下农贸市场的采风过程。

1. 回忆过程

请同学们闭上眼睛，静下心来，回忆去农贸市场的过程，从你们看得见农贸市场开始，然后进入了农贸市场，先沿顺时针方向走一圈，分别走过了蔬菜区、水果区、豆制品区、禽肉区、猪牛羊肉区、水产区、烧腊区、日杂用品区。然后，同学们又沿逆时针方向走了一圈。

后来，同学们开始重点观察蔬菜区和水产区。

在蔬菜区，同学们停留在最大的摊位面前，这是一家夫妻档，一对 40 岁左右的夫妻在经营，菜很多、很丰富、很新鲜，同学们认得的菜有黄瓜、苦瓜、番茄、大白菜、圆白菜、芹菜、豇豆、四季豆、南瓜、冬瓜、空心菜、青菜等。同学们还认识了一种以前不认识的菜，买菜的叔叔说叫“紫苏”，它是一种紫色的叶子，有一种特殊的香气。

在水产区，同学们在几个摊位前流连，海鲜摊位的鱼缸里游着虾、海昌鱼、石斑鱼、鳜鱼、鲈鱼，还有活的鲍鱼、螃蟹、花螺、扇贝。在卖淡水鱼的摊位，同学们看到鱼缸里游着草鱼、鲫鱼、鲤鱼、鲢鱼、武昌鱼、黄鳝等。卖鱼的阿姨年纪 50 岁开外，已有一些白发，穿着塑料薄膜的围裙和高筒雨鞋，手上戴着长长的塑胶手套，正在杀一条大草鱼。

2. 回忆感动三要素

回忆完采风过程，同学们需要找到采风过程的感动点。感动点可以是印象深刻的场面，也可以是让人们心有触动的场面，如果有明显感动或强烈感动的场面是最好的。

请同学们回答，整个采风过程中哪个场面给你们的印象最深？是某种菜或某种水产？还是卖菜或杀鱼的过程？只要有一个，同学们就找到了感动点。

同学们找到感动点以后，接着再想想这个感动点的环境特征，以及当时或现在的心理活动。

第三节：制订生活拓展计划

如果有时间，我还想帮助同学们制订一份未来一年的生活拓展计划。这份计划包括以下内容：

（1）帮助弱势群体的计划。

请每位同学在老人、穷人、残疾人三大类弱势人群中选择一类，然后联系一个帮扶对象，每两个月去探望一次。每次探望，同学们要么带上一些实用的礼物，要么去帮助他们做些事情。记住，贵在坚持，至少每两个月一次。

（2）了解爸爸妈妈的工作。

了解爸爸、妈妈在做什么工作，了解他们工作的行业情况。在日常生活、学习中，特别留意这些行业的消息、新闻。利用寒暑假时间，去爸爸、妈妈的工作单位，看看他们是怎样工作的。

（3）一年两次旅行。

利用节假日，去其他地方（城市、农村）看看，开阔眼界，了解社会和自然。

第四节：作文练习（二）

1. 题目：小记 ××× 农贸市场

（说明：题目中的 ××× 是农贸市场的名字。）

2. 要求：

（1）请忠实于自己去农贸市场的真实经历。

（2）先概述农贸市场的情况，再重点写印象最深的一两个场面或事情。

（3）三年级不少于 260 字，四年级不少于 300 字，五年级不少于 400 字，六年级不少于 500 字，七年级及以上不少于 600 字。

（4）须在 60 分钟内完成。

第九讲　素写静物（一）

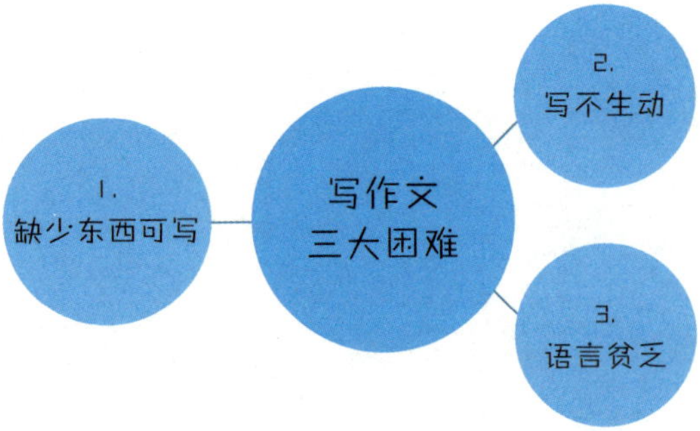

同学们写作文主要有三大困难，一是缺少东西可写；二是写不生动；三是语言贫乏。为此，我从自己40年的写作经验中总结出一套能解决大家写作困难的训练方法：一是感动体验训练，帮助同学们在生活中积累感动的经历，解决有东西可写的问题；二是素写训练，帮助同学们把一件事情写清楚，解决能写并写好的问题；三是个性化语言训练，帮助同学们把语言写流畅，让语言具有美感和个性化，解决语言风格的问题。我把此方法称为“感动写作”。

本书共十七讲的内容，前面八讲主要在讲感动体验训练，接下来的八讲，我将教同学们做素写训练，包括素写静物和素写静物组合。最后一讲是个性化语言训练的内容。今天我将从教同学们素写静物开始。如果说素写是写作的基本功，那么素写静物就是基本功中的基本功，希望引起同学们的高度重视。

第一节：素描与素写

我之所以把自己的基础写作经验命名为“素写”，是因为受到绘画基本功素描的启发。

1. 绘画中的素描

学过绘画的同学应该知道，素描是绘画中的一门造型基本功。广义的素描是指一切单色的绘画，狭义的素描是指由木炭、铅笔、钢笔等以线条来画出物象轮廓和明暗的画作。素描被称为绘画的根基，它被广泛用于学习美术技巧、探索造型规律、培养专业习惯的绘画训练之中。

专业画家画油画、水粉画、水彩画之前，先要用铅笔或碳素笔画一幅素描，然后再在素描稿上面着色。如今，素描也是一种单独的画种，本身也具备很高的艺术价值。这里，我给同学们看两幅名家的素描作品，第一幅是徐悲鸿的人物素描《泰戈尔》，第二幅是吴冠中的风景素描《绍兴早春》。

《泰戈尔》

《绍兴早春》

2. 素写

其实写作也有像素描一样的基本功，那就是素写。

因为我们每个人很小的时候就会说话，后来把说的话写下来就是一段文字，甚至一篇文章；所以很多人都误以为说话是天生的，写文章也是天生的，只要认识字会写字，就会写作了。其实这是大错特错！我们小时候说一些简单的话是天生的，比较容易，但是一个人真要把话说好、说精彩并不容易，更不要说写作了。

那么什么是素写呢？就是像素描那样练习写作，用没有修辞的语言把事物、人物、事情写清楚。

什么叫没有修辞的语言呢？因为修辞比较复杂，同学们理解起来不容易。我这样说吧，同学们在写一个事物、人物、事件时，看到什么，感受到什么就写什么，就是在素写。总之，不打比喻，尽量不要形容，同学们把自己的感受用一些简单的陈述句写出来，就是素写。

举例说吧，我有一部几年前买的苹果手机（iPhone 7），下面第一句话是在修辞，第二句话就没有修辞，是在素写：

（1）我的苹果手机休眠的时候，正面的屏幕像伸手不见五指的黑夜，边框白得像乳汁，金色的背面光滑得像婴儿细嫩的肌肤。

（2）我的苹果手机，正面的屏幕是黑色的，边框是白色的，背面是金色而光滑的。

第二节：作文技巧的化繁为素

文学是人类文明创造的瑰宝之一，蕴藏着古往今来众多仁人志士的智慧与心血。它既是同学们取之不尽，用之不竭的宝藏，也是一座高不可攀的山峰。在语文知识的学习中，同学们也许已经注意到写作技巧真是名目繁多。据不完全统计，有关写作的技巧有200多种，下面列举其中的一部分：

表达方式：叙述、描写、抒情、议论、说明。

叙述：第一人称叙述、第二人称叙述、第三人称叙述、顺叙、倒叙、插叙、补叙、分叙、详叙、略叙等。

叙述线索：以物为线索、以人为线索、以思想为线索、以事件为线索。

描写：白描、细描、烘托、衬托、渲染、外貌描写、动作描写、语言描写、心理描写、神态描写等。

抒情：直接抒情、间接抒情，间接抒情又分借物抒情、借景抒情、借古抒情、情景交融。

议论：先叙后议、先议后叙、夹叙夹议、归纳、演绎等。

说明：下定义、做诠释、做统计、举例子、打比方、分类别、列数字、画图表等。

表现手法：联想、想象、象征、对比、伏笔、悬念、寓言、先抑后扬、前后照应、虚实结合、正面描写、侧面描写等。

修辞：比喻（明喻、暗喻、借喻）、排比、借代、夸张、对偶、比拟（拟人、拟物）、起兴、设问、反问等。

这么多的技巧简直让人眼花缭乱，即使是写作高手，也未必敢说自己能完全掌握。同学们自然会问：“可否有办法把他们化繁为素呢？”

答案是肯定的。我的经验告诉我，依靠素写也能把一件事情写清楚、写明白，而且直截了当。例如，王维的诗作《使至塞上》中有诗句“大漠孤烟直，长河落日圆”，只靠素写的方式就表现出了大漠的荒凉无边。当同学们在生活中得到一段感动经历，如果同学们能够把这段感动经历写清楚明白，那么这段文字就一定会打动人心。

第三节：范文学习

素写不仅是写作的基本功，而且作家们也能用素写写出伟大的文学作品。同学们看完下面两首古代诗歌，一定会加深对素写的认识。

1. 北朝民歌《敕勒歌》

敕勒川，
阴山下。
天似穹庐，
笼盖四野。
天苍苍，
野茫茫，
风吹草低见牛羊。

这首民歌一共 3 句话，语言通俗易懂。第一句“敕勒川，阴山下”介绍敕勒川所处位置，没有修辞，算是素写。第二句“天似穹庐，笼盖四野”虽用了比喻，但也是轻描淡写。第三句“天苍苍，野茫茫，风吹草低见牛羊”描述草原上的景观，没有使用修辞，又是纯正的素写。第三句，也是这首民歌的精华。

2. 李白《静夜思》

床前明月光，
疑是地上霜。
举头望明月，
低头思故乡。

诗仙李白的这首名作分成 4 行，实际上是两句话。前面两行用了比喻的修辞手法，后面两行没有使用修辞手法，直白地描画出诗人看见月亮思念故乡的感动状态。我在课堂上问过几百个同学，除了个别一二年级的学生，绝大多数同学都认为后面两行是这首诗的诗眼，浓缩了全诗的精华。

3. 茅以升《中国石拱桥（节选）》（选自教育部编《语文》教材）

（卢沟桥一）

（卢沟桥二）

永定河上的卢沟桥，修建于公元 1189 到 1192 年间。桥长 265 米，由 11 个半圆形的石拱组成，每个石拱长度不一，自 16 米到 21.6 米。桥宽约 8 米，桥面平坦，几乎与河面平行。每两个石拱之间有石砌桥墩，把 11 个石拱联成一个整体。由于各拱相连，所以这种桥叫做联拱石桥。永定河发水时，来势很猛，以前两岸河堤常被冲毁，但是这座桥极少出事，足见它的坚固。桥面用石板铺砌，两旁有石栏石柱。每个柱头上都雕刻着不同姿态的狮子。这些石刻狮子，有的母子相抱，有的交头接耳，有的像倾听水声，有的像注视行人，千态万状，惟妙惟肖。

桥梁专家茅以升的这段文字，除了最后一句描绘石狮子的动人形态时使用了修辞手法，前面大段的文字都是在素写卢沟桥。

第四节：素写杯子（一）

现在我就来教同学们练习素写，先从练习素写静物开始。

1. 素写静物的作用

素写静物是用朴素的语言把一件静物写清楚、写明白。同学们只有掌握了把一件事情写清楚、写明白的素写基本功，才能够把更加复杂的事物记录下来。例如，许多风景和故事的描写如同素写一组静物。换一种说法，就是做好从简单到复杂的过渡。这就是同学们为什么要学素写静物的原因。

2. 素写静物的方法

同学们在练习素写静物的时候，要理解、掌握两个要点。

（1）一是“抓特征”，就是要观察静物的特征。所谓世

界上没有两片一模一样的树叶，每一个事物都有不同于其他事物的地方。素写一个静物，首先就要把它的不同之处找出来，如大小、高矮、颜色、质地等。

（2）二是“按顺序”。一个事物往往会有多种不同的特征，写的时候要按照一定的顺序来写。我在训练同学们感官激活时曾经介绍过观察顺序，那个顺序就是素写的顺序：从远到近、从外往内、从大到小、从左到右、从上到下。一段文字描写一个对象，只有按照一定的顺序写，读者才会在头脑中呈现出跟作者一样的画面感。如果作者没有按照一定的顺序写，读者读起来就会感觉杂乱无章。

3. 练习素写杯子（1）

这是一只从美国海洋公园买来的杯子，我叫它“海豚杯”（请见196页海豚杯组图），请同学们仔细观察，先抓住特征，然后按照一定的顺序来进行素写。

现在，请同学们跟我一起来看看海豚杯的特征：

杯子外面是墨绿色，里面是黑色。杯子把柄的两侧都有海豚的图案，不过两侧的图案并不对称。如果同学们在我面前，我会让你们摸一摸杯子，因为杯子上的图案，海豚和海豚旁边的海浪都是凸起来的。杯子上端还有海洋公园的英文商标（Sea World）。

下面，请同学们拿出练习本和笔来，素写这个杯子。这个片段练习的题目是《素写杯子（1）》，第一句话可以这样写：

“桌子上有一个杯子……”

4. 练习素写杯子（2）

这是一只从美国黄石国家公园买来的杯子，我叫它“驼鹿杯”（请见 197 页驼鹿杯组图），请同学们仔细观察，先抓住特征，然后按照一定的顺序来进行素写。

现在，请同学们跟我一起来看看驼鹿杯的特征：

这个杯子上的颜色很特别，有一种自然的美感。我告诉同学们，这些花纹就是泥土的花纹。这个杯子就是用美国黄石国家公园的黏土烧制的，这些黏土一部分是白色，一部分是棕色。这些花纹就是白色与棕色混在一起形成的。同学们看见的图案是美国黄石国家公园的二级保护动物，叫驼鹿。如果你们用手摸一摸，你们会发现动物图案是凹下去的。旁边黄石国家公园的英文字（Yellowstone National Park）也是凹下去的。

请同学们再做一个练习，这个片段练习的题目是《素写杯子(2)》，第一句话可以这样写：“老师手里有一个杯子……”

附录：同学们写完后请自行对照检查

同学们，你素写杯子（1）是否通过，请自行检查。

海豚杯有 10 个以上的特征：

（1）杯子外面是墨绿色，或者海军蓝、蓝绿色。

（2）杯子有把柄，把柄是墨绿色。

（3）杯子里面是黑色。

（4）杯子把柄两侧各有两只海豚。

（5）海豚是深蓝色的。

（6）海豚腹部有金边。

（7）海豚是凸起的（突起的）。

（8）海豚旁边有墨绿色的浪花。

（9）浪花是凸起的（突起的）。

（10）浪花里有金边。

（11）图案旁边有“海洋公园”的英文商标。

（12）杯子比中国常见的茶杯要高一点儿，等。

如果同学们没有写到6个以上特征，请重写一遍；即使写到6个以上特征，但是其中没有4只海豚是凸起的，浪花是凸起的，也要重写一遍；如果顺序比较乱，也要重写一遍。

同学们，你素写杯子（2）是否通过，请自行检查。

驼鹿杯有8个以上的特征：

（1）杯子外面主体是白色。

（2）杯子外面的白色中间混有棕色。

（3）杯子的把柄是棕色的。

（4）杯子里面是白色的。

（5）杯子外面有一只驼鹿。

（6）驼鹿是黑色的。

（7）驼鹿是凹下去的。

（8）驼鹿的样子很特别，头顶上有很大的鹿角。

（9）黄石国家公园的英文字是凹下去的。

（10）杯子比中国常见的茶杯直径要大一点儿，等。

如果同学们没有写到6个以上特征，请重写一遍；即使写到6个以上特征，但是其中没有写到驼鹿是凹下去的，也要重写一遍。

第十讲　素写静物（二）

在上一讲中，我讲到素写就是像绘画的素描那样练习写作，用没有修辞的朴素语言把一个事物、一个人物、一件事情写清楚、写明白。素写是写作的基本功，素写静物又是基本功当中的基本功，同学们需要不断练习才能真正掌握。请同学们有一点儿耐心，把基本功练扎实的办法只有一个，那就是重复。

第一节：凭记忆素写杯子

请同学们拿出练习本和笔，不要看图片，也不要看以前写的，完全凭记忆重新素写海豚杯。我之所以让同学们“默写”，主要是锻炼你们的形象记忆能力。形象记忆能力对于写作文来说非常重要。

同学们凭记忆素写完海豚杯，请翻到第九讲的附录，自行对照检查。

第二节：老师现场示范

现在，我（阿吾）凭记忆来素写一次海豚杯。

桌子上有一个杯子，它是从美国的海洋公园买来的，比中国常见的陶瓷茶杯要高两三厘米。这个杯子外面的主色调是海军蓝，把柄两侧各有两只海豚图案，海豚旁边是高高卷起的浪花，海豚腹部和浪花中间分别有金色的镶边。我用手摸了摸海豚和浪花，发现它们是凸起的。在这些图案的旁边有海洋公园的英文商标。我看杯子里面，被涂成均匀的黑色。

上面我做的素写，写到海豚杯 12 个特征，并按照从外往内、从大到小的顺序写。重点内容主要在写杯子外面的图案，从杯子的把柄两侧展开。

第三节：素写杯子（二）

同学们刚开始练习素写静物，需要三至五次的重复，可能会有那么一点儿乏味。但是，文学艺术大师的功底都是这么练成的。学过钢琴和武术的同学可能就有类似的经历。今天，同学们还需要再做一次素写杯子。

这也是一只从美国海洋公园买来的杯子，我叫它“北极熊杯”（请见 198 页北极熊杯组图），请同学们仔细观察，先抓住特征，然后按照一定的顺序来进行素写。

现在，请同学们跟我一起来看看北极熊杯的特征：

这个杯子的颜色和图案都很特别，杯子外面的底色是紫色与白色相间，图案是一些大小不一的碎片状图案。杯子把柄和里面都是紫色（或者叫蓝紫色）。杯子外面有三只北极熊，每一只的动作都不一样，第一只坐着在看，第二只在行走，第三只站着在观望。这三只白色的北极熊摸起来都是凸起的。

海洋公园的英文字（Sea World）这一次印在杯子里面。

请同学们再做一个练习，这个片段练习的题目是《素写杯子(3)》，第一句话可以这样写：“老师手里有一个杯子……”

第四节：同学习作交流

1. 同学素写海豚杯的习作

习作一：

桌子上有一只杯子，这只杯子是墨绿色的，上面有四只深蓝色凸起的海豚，它们的肚皮是金色的，海豚下面还有一些凸起的深绿色海浪花纹，其中带着一点金色的线条，杯子上还大大地印着 Sea World 的英文，旁边还有一个®。

习作二：

老师手里有一个杯子，买自海洋公园，墨绿色的，正面有着凸起的金色的海浪，海浪旁有两条凸起的向下游着的海豚。背面也有凸起的金色海浪与向下游着的两条海豚。杯子内部是黑色的。

2. 同学素写驼鹿杯的习作

习作三：

老师手里有一个杯子。它是一个陶瓷杯，是用黄石国家公园的泥土做的。它白色的杯身上混着丝丝的褐色泥土。杯子把柄是用纯褐色泥土做的。它的杯身上有一头驼鹿，这只驼鹿长得有点儿像驯鹿。驼鹿和它下面的一行英文都是黑色的，并且都是凹进去的。杯子里面是乳白色的。

3. 同学素写北极熊杯的习作

习作四：

老师手里有一个杯子。它是从美国海洋公园买来的。它的杯身有三只凸起的北极熊，底色蓝白相间，有点儿像碎玻璃的图案。杯子把柄是深蓝色的。杯底和杯口勾着深蓝色的边。杯子里面也是深蓝色的，海洋公园的白色英文字印在杯口里边。

附录：同学们写完后请自行对照检查

同学们，你素写杯子（3）是否通过，请自行检查。

北极熊杯也有 10 个以上的特征：

（1）杯子外面底色是一些碎片，白色与紫色相间。

（2）杯子有把柄，把柄是紫色（也可以叫蓝紫色）。

（3）杯子里面也是紫色。

（4）杯子外面有三只北极熊，每一只的形态都不一样。

（5）第一只坐着张望。

（6）第二只在行走。

（7）第三只站着观望。

（8）三只北极熊都是凸起来的。

（9）海洋公园的英文商标印在杯子里面。

（10）杯子开口比常见的中国陶瓷茶杯要大一点儿，等。

如果同学们没有写到6个以上特征，请重写一遍；即使写到6个以上特征，但是其中没有写到三只熊的不同形态的，也要重写一遍；如果顺序比较乱，也要重写一遍。

第十一讲　素写静物（三）

素写是写的基本功，素写静物是基本功中的基本功，素写杯子和帽子是感动写作素写训练的起点。

我在介绍素写的时候已经讲过，素写静物有两大要点，第一个是“抓特征”，第二个是“按顺序”。前面两讲，我教同学们素写杯子，一共写了三个。因为杯子这个静物相对较小，同学们主要体会到了“抓特征”的要点。对于“按顺序”这个要点，同学们的体会也许并不深。

今天这一讲，我教同学们素写帽子，准确地说是素写棒球帽。棒球帽比杯子大一些，除了里外之分，还有前后之分，顺序的作用立即就突出了。

第一节：凭记忆素写杯子

请同学们拿出练习本和笔，不要看图片，也不要看以前写的，完全凭记忆重新素写北极熊杯。我之所以让同学们“默写”，主要是锻炼你们的形象记忆能力。形象记忆能力对于写作文来说非常重要。

同学们凭记忆素写完北极熊杯，请翻到上一讲的附录，自行对照检查，看看自己素写北极熊杯有没有过关。

第二节：老师现场示范

老师手里拿着一个杯子，这个杯子是从美国一家海洋公园买来的，它的开口比中国常见的陶瓷茶杯要大一些。这个杯子外面的底色很特别，是一些大小不一的碎片，颜色是紫色与白色相间。杯子把柄和杯子里面都是均匀的紫色。从杯子把柄起，从左往右一共有三只北极熊的图案，三只熊的形态、动作都不一样。第一只是坐着在张望，第二只是在行走，第三只是站着在张望。我用另一只手摸了摸，三只北极熊都是凸起来的。另外，这只杯子商标印的地方跟多数杯子也不一样，海洋公园的英文商标（Sea World）印在杯子里面。

第三节：素写帽子（一）

同学们想要完成素写帽子的训练目的，除了像素写杯子那样注意观察帽子的特征外，还特别需要学会按照一定的顺序观察、描写一顶帽子。

我在这里给同学们展示两顶棒球帽，第一顶是美国匡威牌棒球帽（请见 199 页匡威牌棒球帽组图），第二顶是美国空军的棒球帽（请见 200 页美国空军棒球帽组图）。这两顶棒球帽品牌不同，布料不同，颜色不同，但是它们都有棒球帽的特征。

所有棒球帽都有这样一些共同特征：

（1）前面有一个帽舌，或者叫帽檐，帽舌很坚硬，向上微微拱起（弓起）。

（2）帽身用布料制作，被等分成六片，或者说是用六片一样的布缝制而成的。

（3）帽身的顶上有一颗扣子，这颗扣子把六片布料聚拢在一起。

（4）帽身中间偏上的位置，分别有一个小孔，或者说小洞、小眼，具有透气的作用。

（5）帽身前面两片里面有衬布，坚挺，戴起来较有型。

（6）帽身后面四片里面没有衬布，比较柔软，人戴起来较为舒适。

（7）帽身后面两片中间下面有一个半圆形的大孔，除了有透气的作用，还可以把长头发的辫子放出来。

（8）帽身后面两片下面有一条用来调节松紧的带子。

当同学们素写一顶棒球帽的时候，还要注意观察这顶棒球帽的个性特征，比如颜色、徽标、松紧带的卡扣等。

观察完棒球帽的特征，同学们就可以开始组织文字素写了。同学们在素写一顶棒球帽时，特别需要注意的是按照从大到小、从外往里、从前往后的顺序写。

下面，请同学们观察并素写这顶匡威牌棒球帽，题目是《素写帽子（1）》，第一句话写：“老师头上戴着一顶帽子……”

同学们素写完之后，请看后面的附录，自行对照检查。

第四节：素写帽子（二）

为了让同学们掌握按照顺序描写一个静物的方法，我得请同学们再次素写一顶帽子，也就是美国空军的棒球帽。

现在，请同学们认真观察并素写这顶美国空军棒球帽，题目是《素写帽子（2）》，第一句话还是写：“老师头上戴着一顶帽子……”

同学们素写完之后，请看后面的附录，自行对照检查。

附录：同学们写完后请自行对照检查

同学们，你素写帽子（1）是否通过，请自行检查。

这顶匡威牌棒球帽有以下 10 项重要特征：

（1）这是一顶黑色的棒球帽，帽舌和帽身都是黑色的。

（2）帽舌很坚硬，向上微微拱起。

（3）帽身分成六片。

（4）帽身顶部有一颗扣子把六片聚拢在一起。

（5）帽身前面两片里面有白色的衬布，比较硬。

（6）帽身前面两片中间是匡威的徽标。

（7）徽标是圆形白底上有一个黑色五角星。

（8）帽身后面四片没有内衬，比较柔软。

（9）帽身后面两片下面有一个半圆形的通气孔。

（10）帽身后面两片下面之间有一条带子，带子上有一个调节松紧的卡扣。

如果同学们没有写到上面7个以上特征，请重写一遍；即使写到7个以上特征，如果没有按照上面的顺序写，也要重写一遍。

同学们，你素写帽子（2）是否通过，请自行检查。

这顶美国空军的棒球帽有以下12项重要特征：

（1）这顶棒球帽，帽舌是深蓝色的，帽身是浅灰色的。

（2）深蓝色的帽舌很坚硬，向上微微拱起。

（3）浅灰色的帽身等分成六片。

（4）帽身顶部有一颗深蓝色扣子把那六片聚拢在一起。

（5）帽身六片布的每一片上面都有一个深蓝色的小透气孔。

（6）帽身前面两片里面有深灰色的衬布，比较硬。

（7）帽身前面两片中间是深蓝色的美国空军徽标。

（8）徽标像一只展翅飞翔的老鹰。

（9）帽身后面四片没有内衬，比较柔软。

（10）帽身后面两片下面有一个半圆形的通气孔。

（11）帽身后面两片下面有一条调节松紧的黑色塑胶卡带。

（12）帽身后面两片半圆形透气孔上方有一个塑胶做成

的方块徽标。

如果同学们没有写到8个以上特征，请重写一遍；即使写到8个以上特征，如果没有按照上面的顺序写，也要重写一遍。

第十二讲　作文练习（三）

在前面三讲中，我教同学们素写。素写帽子和素写杯子都是练习素写静物。素写杯子的重点是让同学们练习如何抓住事物的特征。素写帽子的重点是让同学们练习在抓住了事物的特征之后，如何按照一定的顺序来写。“抓特征”和“按顺序”，正是素写静物的两大要点、要领。

同学们已经练习了素写三个杯子和两个帽子。今天，我要检验一下同学们通过素写静物练习，写的能力是否有了进步，一会儿让同学们写一篇作文。

第一节：凭记忆素写帽子

请同学们拿出练习本和笔，不要看图片，也不要看上一讲写的，完全凭记忆重新素写匡威牌棒球帽。重复说一遍，我之所以让同学们默写，主要是锻炼你们的形象记忆能力。形象记忆能力对于写作文来说非常重要。

同学们凭记忆素写完匡威牌棒球帽，请翻到上一讲的附录，自行对照检查，看看自己素写一顶棒球帽有没有过关。

第二节：老师现场示范

老师头上戴着一顶棒球帽，除了匡威牌的徽标，帽舌和帽身都是黑色的。帽舌很坚硬，帽身被等分为六片，帽身顶上一颗黑色扣子把这六片聚拢在一起。帽身前面两片里面有一层白色衬布，比较硬，后面四片没有衬布比较软。前面两片中间有一个白色圆形徽标，徽标中间是一个黑五角星。后面两片下面有一个半圆形大透气孔，透气孔下面是一条带子。

第三节：复习写作文的思路

同学们今天写作文之前，我还是再讲一遍写作文的思路。

1. 作文大思路

写作文的大思路包括三个步骤：第一是审题或拟题，第二是回忆感动经历，第三是构思。

审题是写作文的第一个步骤，就是认真理解这篇作文的要求，一般有两个重点，一是对题目进行关键词分析，二是认真阅读关于内容、体裁、字数等的附加要求。

回忆感动经历，就是围绕题目回忆自己的相关感动经历，看有哪段经历、哪个故事适合应用在这篇作文里。如果不能一下子想到合适的感动经历，可运用“爱的分类”这个辅助工具，在记忆库或素材库里进行搜索。

构思就是围绕感动三要素进行谋篇布局，也就是进入“作文小思路”。

2. 作文小思路

作文小思路就是围绕感动三要素进行作文的谋篇布局。感动点最重要，同学们回忆起感动经历后，第一件事情就是要确定感动经历的感动点。确定感动点之后，同学们还要回忆出现感动点的环境特征，以及出现感动点后的心理活动。想好了感动三要素，同学们可以动笔写作文了，先写环境特征，字数最多；一直写到感动点，感动点一般字数没有环境特征多；最后写心理活动。

3. 举例说明

这里以2018年广州市的中考作文题目为例。

请以《原来这么简单》为题，写一篇文章。（60分）

要求：文体自选（诗歌除外）。600字以上。文中不得出现考生的姓名和所在学校名称。

（1）审题

先对作文题目《原来这么简单》做关键词分析，中心词是“简单”，对“简单”的形容有两个词——“这么”和“原来”。“这么”是强调“简单”的程度，“原来”是在对比，说明以前认为不简单，后来认识到很简单。

同时，了解清楚附加条件，一个是文体，除了诗歌，记叙文、议论文、说明文都可以写。我在这里还是以选择写记叙文为例说明。要求600字以上，同学们最好写650字左右。

（2）回忆相关感动经历

审完题，同学们闭上眼睛，好好回忆在过去的生活中，都有哪些事情自己开始觉得不容易做，做过以后才发现原来很简单。这样的事情也许不止一件，那么同学们需要在几件中选一件自己感受最深，目前又记忆清楚的事情来写。

（3）构思

有了感动经历，也就是有了作文素材，接下来用感动三要素来构思，并按照环境特征、感动点、心理活动的顺序写。在动笔之前，同学们还要大致规划一下字数，比如环境特征分为三段，写 450 字；感动点分为一段，大约 120 字；心理活动分为两段，大约 80 字，总共 650 字。

第四节：作文练习（三）

1. 题目：我最喜欢的生日礼物

2. 要求：

（1）写一篇记叙文，必须写真实经历。

（2）用素写静物的两大要点写礼物。

（3）三年级不少于 260 字，四年级不少于 300 字，五年级不少于 400 字，六年级不少于 500 字，七年级及以上不少于 600 字。

（4）须在 60 分钟内完成。

第十三讲　素写静物组合(一)

学了素写静物，接着我教同学们素写静物组合。同学们掌握了素写静物组合的方法，可以直接应用到写景、写人、写故事的作文中去。

第一节：素写静物组合的用处

所谓静物组合，就是两三个或者更多的静物组合在一起。现在我在线上给同学们讲课，讲台上有一部笔记本电脑、一台投影仪，还有打印有我名字的铭牌，另外放了一盒纸巾。讲台上的这四件东西，它们就是一个静物组合。

事实上，无论多么复杂的场景，我们都可以把它分解成为一个一个的静物。同样的道理，世间的任何事情，我们都可以像拍电影一样把它们分解成一组一组的镜头。一组镜头对应一个场景。由此看来，任何复杂的事情，或者说同学们的感动体验经历，它们都可以被看成若干静物的组合，都可以用素写静物组合的方法去素写它们。

素写静物的用处就是，它可以当作写作文的一个个“零件”。这些零件经过一定的“装配”就是一篇精美绝伦的作文。同学们掌握了素写静物组合的方法，就不会有什么你想写却写不清楚的东西了。

前面我讲素写是写的基本功，同学们现在应该有更深入的理解了。

第二节：素写静物组合的步骤

1. 素写静物组合的步骤

素写静物组合是以素写静物为基础的，但并不是素写静物的简单叠加。素写静物组合也要遵循一定的方法和步骤。

（1）第一步，分别素写每一个静物，要领是“抓特征、按顺序”。

（2）第二步，按照一定顺序把多个静物的素写合并起来，合并的要领是“按顺序、再提炼”。

现在我需要先跟同学们说明一下“按顺序、再提炼”的静物组合要领。

把不同静物组合起来素写，就像素写单个静物一样，同学们写的时候需要按照一定的顺序。同学们初学，这个“一定的顺序”最好就是自然顺序——从远到近、从大到小、从外往内、从左到右、从上到下。

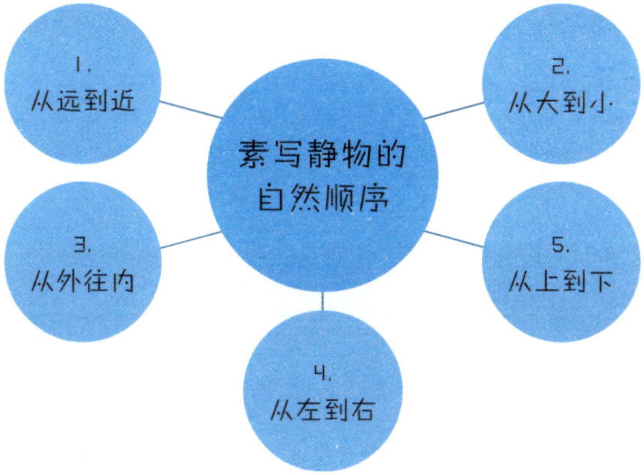

一般而言，当我们素写一个静物的时候，我们会把它写得比较详细。当我们同时素写几个静物的时候，如果我们写得同样的详细，读者会有“繁琐”的阅读心理。为了一个好的阅读效果，当我们同时写几个静物时，最好相对简洁一些。也就是说，同学们素写静物组合时，需要对单个素写静物再做一番提炼。

2. 老师做素写静物组合示范

我给同学们做两个素写静物组合的示范，它们都是我在生活中见到的真实场面。

（1）素写花瓶中插上红玫瑰

一家小资情调的西餐厅，通常会在餐桌中间摆放一个插着红玫瑰的花瓶，客人入座后服务员把它拿走，客人结账后服务员又把它放回来。在黑色桌布上，一只纯白色陶瓷花瓶里插着一枝红玫瑰，花瓶呈圆锥形，整体纤细，伸出瓶口的枝条上有几片绿叶，绿叶上面是已经一半开放的玫瑰花朵，玫瑰花朵有五六层花瓣，层层叠叠围绕花蕊，玫瑰特有的暗红色具有一种诱惑人的美感。如果是刚从玫瑰花丛中剪下来的枝条，人们还可以闻到淡淡的玫瑰花香。

（2）素写塑料男模特展示黑色风衣

在购物中心的男装门店，一件黑色风衣披挂在一个塑料男模特身上。这个塑料男模特身高在一米九以上，两眼平视前方，穿一双黑色正装皮鞋，右腿直立、右脚踏地，左小腿斜靠在右小腿旁，左脚尖向下、左脚跟提起与右脚呈交叉垂直状。男模特面部轮廓坚毅，黑色纯棉的风衣披在身上，仅扣着最上面一颗扣子，前面的衣襟从上往下呈八字形敞开。模特的双手藏在风衣里面，应该是垂直向下的动作。模特在风衣里面穿了一套高级毛料西装，蓝灰色，格子纹路，西服上衣也只扣着最上面一颗扣子。西服里面是一件纯棉白色衬衣，系一条丝质浅蓝色领带。这装束让人联想起一位职业男士上班路上在地铁、轻轨候车的模样。

第三节：素写水果组合（一）

今天请同学们做两个练习，都是素写水果组合，只是两次组合水果的品种、相互位置不一样而已。

第一个练习，素写桌子上的三种水果组合。

第一步，请同学们分别素写三种水果。

第一种水果是一把香蕉（请见 201 页香蕉图组），请同学们观察这把香蕉的特征，然后素写一把香蕉。这把香蕉一共有五根，每一根的颜色总体看是黄色，头和尾有一些绿色。五根香蕉的头连在一个把柄上面。每个香蕉的尾部都有一个黑点。同学们，你们知道这个黑点是什么吗？

第二种水果是一只苹果（请见 201 页苹果图组），请同学们观察这只苹果的特征，然后素写一个苹果。这苹果主体颜色是红色的，但红中透黄。另外，苹果头部有比较多的凹陷，里面有一条棕色的果柄。苹果尾部有些微凹陷，也有一个黑点，它们连接的是苹果的核或种子。

第三种水果是一个橘子（请见202页橘子图），请同学们观察这只橘子的特征，然后素写一个橘子。这只橘子成熟得正是时候，金灿灿的，纯正的橘色，头部上面有一片小小的果蒂，五角星形状。

第二步，请同学们素写三种水果的组合（请见202页水果组合一图）。

请同学们观察桌子上放着的三种水果，一个苹果、一把香蕉、一个橘子，请同学们注意它们摆放的顺序。同学们观察好了之后，再把前面素写的三种水果文字组合起来，要记得提炼一下！这个练习的题目是《素写三种水果组合（1）》，第一句话请同学们这样写："桌子上有三种水果，……"。

同学们写完以后，请翻到后面的附录，自行对照检查。

第四节：素写水果组合（二）

第一次让同学们练习素写水果组合，我分了多个步骤。现在第二次练习素写水果组合（请见203页水果组合二图），我请同学们自己完成，不再分几步走。

这次练习的题目是《素写三种水果组合（2）》，三种水果的组合分别是橘子、葡萄和香蕉，其中橘子和香蕉还是第一个练习的静物，这次不同的是苹果换成了葡萄，而且三种水果的位置发生了变化。

先请同学们了解一下葡萄（请见203页葡萄图）。这一串葡萄，有的同学数过，大约30颗，这些葡萄的颜色是紫红色的，或者说酒红色的。它们都挂在一条茎上面，这条茎的头上有两片绿色的葡萄叶。

然后，同学们还要注意三种水果的摆放顺序，从左往右是橘子、葡萄、香蕉。

现在，请同学们开始素写，第一句话请同学们这样写："桌子上有三种水果，……"。

下面就请同学们开始素写。同学们写完以后，请翻到后面的附录，自行对照检查。

附录：同学们写完后请自行对照检查

同学们，你素写三种水果组合（1）是否通过，请自行检查。

（1）素写三种水果组合最重要的是三种水果的描述顺序，一定要从左到右："桌子上有三种水果，分别是一个苹果、一把香蕉和一个橘子。"只要顺序不正确，素写就是不合格的。

（2）三种水果不仅要有名称，而且还要有数量，说"分别是苹果、香蕉和橘子"是不合格的。

（3）苹果的特征必须写到三个：红里透黄是一个；头部

有凹陷，里面有一条棕色果柄是一个；尾部有凹陷和黑点是一个。只要少写了一个特征，也是不合格的。

（4）香蕉的特征必须写到四个：一把五根是一个；总体黄色是一个；头尾有一些绿是一个；尾部有一个黑点是一个。只要少写了一个特征，也是不合格的。

（5）橘子的特征必须写到两个：橘黄色是一个，头部有一小片果蒂是一个。只要少写了一个特征，也是不合格的。

以上5条，每一条都达到要求才算通过。只要有一条不达标，同学们都需要重新写一遍。

同学们，你素写三种水果组合（2）是否通过，请自行检查。

（1）素写三种水果组合最重要的是三种水果的描述顺序，一定要从左到右："桌子上有三种水果，分别是一只橘子、一串葡萄、一把香蕉。"只要顺序不正确，素写就是不合格的。

（2）三种水果不仅要有名称，而且还要有数量，说"分别是橘子、葡萄、香蕉"是不合格的。

（3）橘子的特征必须写到两个：橘黄色是一个，头部有一小片果蒂是一个。

（4）葡萄的特征必须写到四个：葡萄是紫红色的算一个；一串葡萄大约30颗算一个；葡萄挂在一条茎上算一个；茎的头部有两片绿色的葡萄叶算一个。

（5）香蕉的特征必须写到四个：一把五根是一个；总体黄色是一个；头尾有一些绿是一个；尾部有一个黑点是一个。只要少写了一个特征，也是不合格的。

以上5条，每一条都达到要求才算通过。只要有一条不达标，同学们都需要重新写一遍。

第十四讲　素写静物组合(二)

这个单元我教同学们练习素写静物组合。上一讲同学们练习了素写水果组合，这一讲同学们将练习素写餐具组合。首先，我请同学们默写上一讲素写过的苹果、香蕉和橘子，然后再做新的练习。

第一节：凭记忆素写水果组合

请同学们拿出练习本和笔，不要看图片，也不要看上一讲写的，完全凭记忆重新素写三种水果的组合，这里写的是《素写三种水果组合（1）》的情况，同学们可不要跟《素写三种水果组合（2）》搞混了。重复说一遍，我之所以让同学们“默写”，主要是锻炼你们的形象记忆能力。形象记忆能力对于写作文来说非常重要。

同学们凭记忆素写完三种水果，请翻到上一讲的附录，自行对照检查，看看自己凭记忆《素写三种水果（1）》有没有过关。

第二节：老师现场示范

桌子上有三种水果，它们分别是一个苹果、一把香蕉、一个橘子。这个苹果红里透黄，头部有明显凹陷，凹陷里面有一条棕色的果柄，尾部也有一些凹陷，中间有一个黑点。这把香蕉一共有五根，每根都已经熟了，主体呈黄色，头与尾有些许绿色。其中每根香蕉的尾部都有一个黑点，它们是香蕉种子退化后的遗留。橘子通体橘黄色，头上有一小片五星形状的果蒂。

第三节：素写餐具组合（一）

从近年中考、高考的作文命题来看，作文题目越来越贴近生活。我的素写静物组合练习，今天将让同学们来写每天都会跟我们见几次面的餐具组合。人要生存，第一就是要吃食物，做食物需要厨具，装食物、吃食物就需要餐具。

百度百科中这样解释餐具：用餐时直接接触食物的非可食性工具，用于辅助食物分发或摄取食物的器皿和用具。餐具包括成套的，有金属器具、陶瓷餐具、茶具酒器、玻璃器皿、纸制器具、塑料器具以及五花八门、用途各异的各种容器类工具（如碗、碟、杯、壶等）和手持用具（如筷子、刀、叉、勺、吸管、竹签等）。不同民族的人使用的餐具常常是不同的，餐具也是民族文化的一部分。同学们可能接触最多的是中餐的餐具和西餐的餐具，下面我就教同学们来素写这两类餐具的组合。

现在请同学们来看桌子上这四件中式餐具（请见 204—205 页餐具组合一图），第一件是一只瓷做的碗，第二件是一只瓷做的盘子，第三件是一双竹子做的筷子，第四件是一把瓷做的小汤匙（小汤勺）。其中瓷做的碗、盘子、汤匙都有类似的花纹。这四件餐具就这样放在桌子上。请同学们注意这四件餐具摆放的位置。

下面请同学们做练习，题目是《素写餐具组合（1）》（请见 204—205 页素写餐具组合一），开头可以这样写：“桌子上有一套餐具……”写完后，请同学们对照后面的附录，看看自己写的是否可以通过。

第四节：素写餐具组合（二）

前面同学们素写了中式餐具组合，现在接着素写西式餐具组合。

请同学们看桌子上的四件西式餐具（请见 206—207 页餐具组合二），第一件是一只瓷做的大盘子，第二件是不锈钢做的叉子，第三件是不锈钢做的餐刀，第四件是不锈钢做的汤匙。请同学们注意观察这四件餐具的摆放位置，同时也注意每件餐具的特征。

这次写西式餐具组合有一些特别，那就是视觉中心明显是中间的那只大盘子，按照“从大到小”的原则，应该先写盘子再写餐叉、餐刀。如果“从左到右”写，就要先写餐叉后写盘子。这种时候，从左到右要服从从大到小的原则。

最后，请同学们做练习，题目是《素写餐具组合（2）》，开头可以这样写：“桌子上有一套餐具……”同学们写完后，请对照后面的附录，看看自己写的内容是否可以通过。

附录：同学们写完后请自行对照检查

同学们，你素写餐具组合（1）是否通过，请自行检查。

（1）素写中式餐具组合最重要的是四件餐具的描述顺序，也就是餐具的摆放顺序，一定要从左到右、从前往后地写："桌子上有一套中式餐具，前面是一只碗，碗的右边是一把汤匙和一双筷子，它们后面是一只大盘子。"只要顺序不正确，这篇素写就是不合格的。

（2）四件餐具不仅要有名称，而且还要有数量，说"桌子上有一套中式餐具，分别是碗、汤匙、筷子、盘子"是不合格的。

（3）碗的特征必须写到四个：瓷做的是一个；圆形的是一个；碗口直径大约在 10 厘米是一个；碗外侧有树枝树叶形状的花纹是一个。只要少写了一个特征，也是不合格的。

（4）汤匙的特征必须写到三个：瓷做的是一个；汤匙大约 10 厘米长是一个；汤匙里面有树枝树叶形状的花纹是一个。只要少写了一个特征，也是不合格的。

（5）筷子的特征必须写到三个：竹子做的是一个；圆柱的是一个；大约 25 厘米长是一个。只要少写了一个特征，也是不合格的。

（6）大盘子的特征必须写到四个：瓷做的是一个；圆形

的是一个；盘子直径大约在20厘米是一个；盘子上面边上有树枝树叶形状的花纹是一个。只要少写了一个特征，也是不合格的。

以上6条，每一条都达到要求才算通过。只要有一条不达标，同学们都需要重新写一遍。

同学们，你素写餐具组合（2）是否通过，请自行检查。

（1）素写西式餐具组合最重要的是四件餐具的描述顺序，也就是餐具的摆放顺序。这一回，需要从视觉中心开始写，也就是从大到小地写，再从左到右到其他方位去写：“桌子上有一套西式餐具，中间是一只大盘子，大盘子的左边是一把餐叉，右边是一把餐刀，上面是一只汤匙。”只要顺序不正确，这篇素写就是不合格的。

（2）四件餐具不仅要有名称，而且还要有数量，说“桌子上有一套西式餐具，分别是盘子、餐叉、餐刀、汤匙”是不合格的。

（3）大盘子的特征必须写到四个：瓷做的是一个；圆形的是一个；盘子直径大约在20厘米是一个；盘子上面边上有树枝树叶形状的花纹是一个。只要少写了一个特征，也是不合格的。

（4）餐叉的特征必须写到两个：不锈钢做的是一个；大约20厘米长是一个。只要少写了一个特征，也是不合格的。

（5）餐刀的特征必须写到三个：不锈钢做的是一个；大约 20 厘米长是一个；刀刃上有许多小的锯齿是一个。只要少写了一个特征，也是不合格的。

（6）汤匙的特征必须写到两个：不锈钢做的是一个；大约 20 厘米长是一个。只要少写了一个特征，也是不合格的。

以上 6 条，每一条都达到要求才算通过。只要有一条不达标，同学们都需要重新写一遍。

第十五讲　素写静物组合（三）

上一讲我教同学们素写了餐具组合，一款是中式的餐具组合，另一款是西式的餐具组合。为了巩固学习效果，一会儿我将让同学们凭记忆默写一遍中式餐具组合。今天我教同学们做的新练习是素写家具组合。

第一节：凭记忆素写餐具组合

请同学们拿出练习本和笔，不要看图片，也不要看上一讲写的，完全凭记忆重新素写餐具组合，这里写的是《素写餐具组合（1）》的情况，也就是几件中式餐具的组合，同学们可不要跟《素写餐具组合（2）》的西式餐具搞混了。重复说一遍，我之所以让同学们“默写”，主要是锻炼你们的形象记忆能力。形象记忆能力对于写作文来说非常重要。

同学们凭记忆素写完中式餐具组合，请翻到上一讲的附录，自行对照检查，看看自己凭记忆《素写餐具组合（1）》有没有过关。

第二节：老师现场示范

在桌子上有四件中式餐具，正好可供一个人用餐，它们分别是一只瓷碗、一把瓷汤匙、一双筷子和一个大瓷盘子。放在前面的是一个白色瓷碗，圆形的，它开口的直径大约在

10 厘米，碗的外侧有树枝树叶形状的花纹。这个瓷碗的右侧放着一把瓷做的白色汤匙，汤匙长约 10 厘米，汤匙里有树枝树叶形状的花纹。这把汤匙的右侧放着一双用竹子做的圆柱形筷子，长约 25 厘米。瓷碗后面是一个瓷做的白色大盘子，圆形的，直径大约 20 厘米，盘子里面有树枝树叶形状的花纹。

第三节：素写家具组合（一）

同学们对家具一定也很熟悉。在我们大多数中国人的家里，客厅一般都有一套沙发和一张茶几；饭厅一般都有一张餐桌和多把椅子；卧室一般都有床，要么是双人床，要么是单人床，还有衣柜或者衣橱；书房一般都有书架、写字台和椅子、凳子等。

这里，我教同学们素写的组合家具，就在我们阿吾教育培训中心的大堂里面，先请同学们观察并素写一套用于洽谈生意的桌椅。

这套桌椅组合共有五件家具（请见 208 页家具组合一图），一张桌子、三把椅子、一个凳子。这张桌子的桌面是玻璃的，桌子腿是不锈钢的。三把椅子和一个凳子都是软包沙发座位，软包用的是紫色天鹅绒面料，椅子的后背支撑用的也是不锈钢。

请同学们进一步认真观察一下这五件家具的特征，注意它们摆放的位置。观察好之后，就请同学们拿出本和笔做练习，题目是《素写家具组合（1）》，开头可以这样写：“阿吾教育培训中心大堂里有一套桌椅（请见 208 页素写家具组合一图），……”这里同学们需要按照从大到小的顺序写，比较像上一讲写西式餐具组合，桌子是中心。

同学们写完后，请对照后面的附录，看看自己写的内容是否可以通过。

第四节：素写家具组合（二）

今天同学们要做的第二个练习是观察并素写一套沙发（请见 209 页家具组合二图）。这套沙发也摆放在阿吾教育培训中心的大堂里。

这套沙发一共有三件，一件是三人座位的，一件是两人座位的，一件是单人座位的。这套沙发用的面料是暗红色的，仿麂子皮。为了少占空间，三只沙发靠墙摆放，相互之间还有部分交叉。请同学们进一步认真观察一下这三件沙发的特征，注意它们摆放的位置。观察好之后，就请同学们拿出本和笔做练习，题目是《素写家具组合（2）》，开头可以这样写：“阿吾教育培训中心大堂里有一套沙发（请见 209 页素写家具组合二图）……”

附录：同学们写完后请自行对照检查

同学们，你素写家具组合（1）是否通过，请自行检查。

（1）素写家具组合最重要的是对几件家具的描述顺序，一定要从大到小、从左到右地写：“阿吾教育培训中心大堂里有一套桌椅，中间是一张玻璃桌面的桌子，桌子左边、后面、右边分别有一把靠背椅，桌子前面有一个与靠背椅座位一样的凳子。”只要顺序不正确，素写就是不合格的。

（2）桌子、椅子、凳子不仅要有名称，而且还要有数量，说“中间是桌子，围着桌子是椅子和凳子”是不合格的。

（3）桌子的特征必须写到五个：桌面是玻璃的是一个；桌面玻璃是茶色的是一个；桌面直径大约一米是一个；桌子腿是不锈钢做的是一个；桌子高七八十厘米是一个。只要少写了一个特征，也是不合格的。

（4）椅子的特征必须写到四个：椅子是只有靠背没有扶手的靠背椅是一个；椅子座位和靠背用一块不锈钢连接并支撑是一个；椅子座位和靠背都用紫色天鹅绒面料包裹装饰是一个；椅子有约 120 厘米高是一个。只要少写了一个特征，也是不合格的。

（5）凳子的特征必须写到两个：凳子跟旁边椅子没有靠背的座位一模一样是一个；凳子类似于一个立方体，高约 40 厘米、长约 50 厘米、宽约 40 厘米，这些算一个。

只要少写了一个特征，也是不合格的。

以上5条，每一条都达到要求才算通过。只要有一条不达标，同学们都需要重新写一遍。

同学们，你素写家具组合（2）是否通过，请自行检查。

（1）素写这套沙发组合最重要的还是对三件沙发的描述顺序，一定要从左到右地写：“阿吾教育培训中心大堂里有一套沙发，它们都靠着墙，一件单人沙发和一件双人沙发靠一面墙，一件三人沙发靠另一面墙，这两面墙直角交叉。”只要顺序不正确，素写就是不合格的。

（2）三只沙发不仅要有数量，而且还要有不同名称，说“两件沙发靠一面墙，一件沙发靠另一面墙”是不合格的。

（3）三件沙发除了大小不一样，也就是长度不一样，高和宽、所用面料等都是一样的。这些共同的特征可以合起来写，但是必须写到三个：暗红色是一个；面料是仿麂子皮是一个；沙发高约一米、宽约一米、座位离地高约50厘米等大小规格是一个。只要少写了一个特征，也是不合格的。

（4）单人沙发的特征必须写到三个：长约100厘米是一个；沙发底座上面有一个20厘米厚、50厘米见方的坐垫，靠背上还有一个靠垫是一个。只要少写了一个特征，也是不合格的。

（5）双人沙发的特征也必须写到三个：长约两米是一个；沙发底座上面有两个20厘米厚、50厘米见方的坐垫是一个；靠背上还有两个靠垫是一个。只要少写了一个特征，也是不合格的。

（6）三人沙发的特征也必须写到三个：长约两米五是一个；沙发底座上面有两个20厘米厚、70厘米长、50厘米宽的坐垫是一个；靠背上还有两个靠垫是一个。只要少写了一个特征，也是不合格的。

以上6条，每一条都达到要求才算通过。只要有一条不达标，同学们都需要重新写一遍。

第十六讲　作文练习（四）

这一讲的主要内容是复习和作文练习。

我们的复习由近及远，先请同学们默写上一讲的素写家具组合，再回忆这一期我教同学们的重点知识与训练方法。

第一节：凭记忆素写家具组合

现在请同学们拿出练习本和笔，不要看图片，也不要看上一讲我讲的内容，更不要看你们前面写过的东西，完全凭记忆重新素写一次家具组合。这里写的是《素写家具组合(1)》的情况，也就是阿吾教育培训中心大堂里一套商务桌椅的组合。重复说一遍，我之所以让同学们“默写”，是为了锻炼你们的形象记忆能力。形象记忆能力对写作文来说非常重要。

同学们凭记忆素写完一套桌椅的家具组合，请翻到上一讲的附录，自行对照检查，看看自己凭记忆《素写家具组合（1）》有没有过关。

第二节：老师现场示范

在阿吾教育培训中心的大堂里有一套商务桌椅，中间是一张玻璃桌面的桌子，桌子的四个方位三边分别有一把靠背椅，一边有一个与靠背椅座位一样的凳子。

放在三把椅子和一个凳子中间的桌子，桌面是茶色玻璃的，直径大约一米，一条桌子腿和底座是不锈钢的，桌子高七八十厘米。

三把靠背椅只有靠背没有扶手，椅子的座位和靠背之间用一块不锈钢板连接和支撑，椅子座位和靠背都用紫色天鹅绒面料包裹装饰，椅子大约有 120 厘米高，座位的高低大小跟凳子一模一样。

一只凳子跟旁边三把椅子的座位一模一样，类似于一个立方体，高约 40 厘米、长约 50 厘米、宽约 40 厘米。它也是用紫色天鹅绒面料包裹装饰的。

第三节：要点复习

本讲及之前的课程一共十六讲，分为四个单元。

第一单元（第一讲到第四讲）

第一单元的四讲，可以说是感动写作的基本理念。我重点讲了好作文的标准、寻找感动、爱是感动的源泉，以及写作文的大小思路。这个单元的重点知识包括好作文有一条简单的综合标准，那就是能够打动人、感动读者。如果同学们想写一篇好作文，那么唯一的办法是在作文里写一些自己曾经感动过的经历。只有感动了你才有可能感动别人。当然，可以用来写作文的感动经历没有那么狭隘，并不一定要写那些感动得你泪流满面的事情。感动有四个级别，印象深刻的、心有触动的、明显感动的、强烈感动的都可以用来写作文。同时，我还告诉同学们，任何一种感动都有三大要素，它们分别是环境特征、感动点和心理活动。那么，同学们怎样才能得到更多、更好的感动呢？我的建议是你们要拥有一颗爱心，你们的五大感官要被激活，你们的生活范围要进行一定的拓展。

在第一单元，我主要对同学们进行了感动体验训练，这是帮助同学们找到写作文素材的方法。感动体验训练做的是爱心训练的感恩训练，请同学们每天要多说谢谢，并让同学们分别给爸爸、妈妈写了一句感谢的话，并请同学们采访妈妈和爸爸了解自己是怎么出生的。

第四讲，我给同学们讲了写作文的大思路和小思路。写作文的大思路共有三步：一是审题；二是回忆与题目相关的感动经历；三是构思。构思时请同学们用写作文的小思路，也有三个步骤，一是环境特征，二是感动点，三是心理活动。最后留出一个小时，请同学们写了一篇作文，题目是《听妈妈讲我出生的故事》。

第二单元（第五讲到第八讲）

第二单元的四讲，我主要讲感动体验训练的方法，知识不多，更多的是训练方法，包括感动前做什么、感动时做什么、感动后做什么、激活感官的方法、制订生活拓展计划等。

同学们在感动前需要做好三项准备工作，分别是：一、拥有一颗爱心，从感恩开始；二、学会关注周边人的活动；三、拓展生活范围。

感动时同学们需要掌握五个要点：（1）避开干扰，专注于感动。（2）让感动尽量持续、延长。（3）抓住感动点。（4）记住感动时的环境特征。（5）关注自己的心理活动。

感动后同学们需要做五个方面的事情：（1）感动一结束迅速在头脑中重复一遍感动过程。（2）一有条件尽早记录感动三要素的关键词。（3）最好在当晚入睡前写成感动素材。（4）将感动素材按爱的分类进行分类保存。（5）找机会应用。

同学们的爱心能否发挥作用，还跟你们的信息接收系统的情况密切相关，也就是你们的视觉、听觉、嗅觉、味觉、触觉等是否灵敏会影响感动体验的多少和好坏。为了写好作文，同学们还需要进行激活感官的训练。

多数同学的生活可以用“两点一线一屏”来概括。这个生活范围是很有限的，同学们要想写好作文，需要打破这个范围，进行一定的生活拓展。我曾带领同学们制订了一份生活拓展计划，内容包括深入了解爸爸妈妈的工作、关注弱势群体和开阔眼界等。第七讲，我建议同学们去农贸市场采风。第八讲，结合采风内容写了一篇作文，题目是《小记×××农贸市场》。

第三单元（第九讲到第十二讲）

第三单元的四讲，我教同学们练习素写静物。感动体验训练是帮助同学们解决没有东西写的困难，素写训练是帮助同学们解决写不好的困难。所谓素写，就是像学习绘画的人练习素描那样，用没有修辞的语言把事物、人物写清楚。如果同学们的感动经历是精彩的，那么你们只要把它写清楚了，作文就是精彩的。

在第三单元的几讲里，同学们练习了素写杯子和素写帽子。第十二讲，我布置同学们写了一篇作文，题目是《我最喜欢的生日礼物》。

第四单元（第十三讲到第十六讲）

在第四单元，我教同学们练习素写静物组合。在我看来，一幅风景、一个场景、一个人物、一个故事，它们都可以分解为一个个的静物组合。同学们掌握了素写静物组合的方法，也就练成了写作文的基本功。素写静物组合的要领也有两个，一个是掌握素写静物的要领（抓特征、按顺序），另一个是掌握合并静物的要领（按顺序、再提炼）。

前面三讲，我教同学们练习了素写水果组合、素写餐具组合和素写家具组合。

好了，以上就是这一期的要点复习。请同学们休息一会儿，然后请同学们写一篇作文。这次写作文，既是作文练习，也是这一期的考试。

第四节：作文练习（四）

1. 题目：我的一个兴趣爱好

2. 要求：

（1）写一篇记叙文，必须写自己的真实经历。

（2）请按照“作文大思路”“作文小思路”来写。

（3）三年级不少于260字，四年级不少于300字，五年级不少于400字，六年级不少于500字，七年级及以上不少于600字。

（4）须在60分钟内完成。

第十七讲　语言训练

好作文需要写让人动心的事情，可是同学们用什么来写呢？自然是用语言文字。由此可见，语言与一篇作文的好坏有着至关重要的关系。

我在一开始询问同学们好作文的标准时，差不多有一半以上的小学生会回答“好词好句”。据我了解，现在的小学语文老师大多会向学生强调语言对于一篇作文的重要性。尽管我不认同这样的观点和作文训练方法，但是我也有一套语言训练方法。

在感动写作的入门课程中，我会穿插语言训练。这里，我单独做一讲，介绍感动写作个性化语言训练的基本概念。

第一节：语言的魅力

北师大版《语文》四年级下册的第一篇课文，是王大赫、郭全斌写的《语言的魅力》：

在繁华的巴黎大街的路旁，站着一个衣衫褴褛、头发斑白、双目失明的老人。他不像其他乞丐那样伸手向过路行人乞讨，而是在身旁立一块木牌，上面写着：“我什么也看不见！”街上过往的行人很多，那些穿着华丽的绅士、贵妇人，那些打扮漂亮的少男少女们，看了木牌上的字都无动于衷，有的还淡淡一笑，便姗姗而去了。

这天中午，法国著名诗人让·彼浩勒也经过这里。他看看木牌上的字，问盲老人：“老人家，今天上午有人给你钱吗？”“唉！”老人愁容满面，叹息着回答，“我，我什么也没有得到。”让·彼浩勒听了，沉吟了一下，把木牌悄悄翻过来，拿起笔写上“春天到了，可是我什么也看不见！”几个字，就匆匆地离去了。晚上，让·彼浩勒又经过这里，询问老人下午的收入情况，老人笑着对诗人说：“先生，不知为什么，下午给我钱的人多极了！”让·彼浩勒听了，也摸着胡子满意地笑了。

“春天到了，可是我什么也看不见！”这富有诗意的语言，产生这么大的作用，就在于他有非常浓厚的感情色彩。是的，春天是多么美好啊，那蓝天白云、绿树红花、教堂尖顶的莺歌燕舞、塞纳河畔嬉戏的孩子，怎能不叫人陶醉呢？但这良辰美景，对于一个双目失明的人来说，只是一片漆黑。这是多么令人心酸呀！当人们想到这个盲老人连万紫千红的春天都看不到，怎能不对他产生同情之心呢？

为什么诗人让 · 彼浩勒改成“春天到了，可是我什么也看不见！”，就会激发人们对老人的同情之心呢？简单地说，这就是语言的魅力。原来盲老人的“我什么也看不见”只告诉人们一个冷冰冰的事实，背后还有那么一点儿怨气，路人读了没有感觉，甚至还有一些抗拒。“春天到了，可是我什么也看不见！”这句话有具体的场景，更有盲老人的人生遗憾，路人面对此情此景，自然会产生同情之心。

这个故事告诉我们，同样一个事实，不同的语言表达方式可能产生完全不同的阅读效果。同学们学习写作文，在解决了有东西写，能够把一件事情写清楚之后，学会更好的语言表达方式十分重要。

第二节：口语交际

现行教育部编《语文》小学教材，三年级开始老师正式教学生写作文，一年级和二年级的语文教学为了写作文所做的准备工作是口语交流。

一个人的母语学习都是先从听、说开始的。我曾经讲过，写作文的技能其实就是从想到写的过程，在想与写之间还有一个说的技能。我早年在一家中央级的报社采编《文学评论》，每周都会跟一群作家、评论家开讨论会，注意到一个现象，知名作家的口才都很好。这个现象反映的是一个规律，在写好之前需要先说好。说与写的思维有较强的关联性，从速度差异看，说比写相对容易一些。一个人练好了说，写就容易了。

对于中小学生来说，口语交际是写作文的语言训练之基础。我的感动作文教学，每次课都会用一定时间请同学们分享生活中的趣事。做这件事情至少有三个方面的意义：第一，引导同学们关注生活，养成跟亲朋好友分享生活趣事的习惯；第二，训练口语交际，培养同学们的作文思维，锤炼语言；第三，通过分享，同学们回忆起过去生活中的种种趣事，积累越来越多的作文素材。我会对同学们的分享进行点评，不仅帮助同学们改进讲述方式，而且会对同学们分享的事情是否适合写成作文做出回应。

我给同学们的建议是，每天放学回家都跟爸爸、妈妈讲讲当天有意思的事情。如果做不到每天，同学们至少每周跟家人有一次半小时左右的分享，讲自己的趣事，听家人的趣事。

第三节：个性化的语言

我们知道，文学史上的著名作家，他们都有自己个性化的语言风格。文学是人学，它有两层含义，其一是说文学作品的内容涉及作家对人性的观察与感受；其二是说文学作品同时也体现了作家的生命力。文学作品从哪些方面体现作家的生命力呢？一个是作品的内容（故事、人物、思想、情感等），另一个就是作品的语言。说得夸张一些，作家的生命力都浓缩在他们文学作品的语言之中。

以中国四大古典名著为例，《西游记》的语言风格诙谐风趣，官话和方言互相融合，生动活泼。《三国演义》的语言风格半文半白，文不甚深，言不甚俗；辞约意丰，耐人寻味；文采飞扬，富有音乐性。《水浒传》的语言风格非常口语化，语言明快、洗练、生动、准确、富于表现力。《红楼梦》的语言风格含蓄典雅、妙语如珠，怒骂嬉笑、皆成文章，注重炼字造句，推陈出新。

其实，我们每个人的生命力都会表现在语言之中，首先表现在口头语言当中。每一个人都是一个独一无二的存在，每个人都有自己的独特性，不仅文学大师有其语言风格，而且我们每个人都有自己的语言风格。二者的区别在于：第一，我们是否找到了自己的语言风格；第二，我们语言风格的审美特征是否具有普遍价值。

根据皮亚杰关于儿童和青少年认知发展四大阶段的理论，结合我的实践经验，发现中小学生建立自己语言风格的最佳时间在 12 周岁左右。我相信，每个孩子的语言既有社会化的共性，也有自己的个性。同学们在长大成人的过程中，个性化的语言风格就保存在自己的口语之中。我从这样的认识出发，把发现、建立孩子个性化语言风格的过程归纳为三大步骤：

（1）从学生的日常口语中总结语言风格。

（2）建议学生对自己的语言风格扬长避短。

（3）持续不断的写作练习。

具体做法是，同学们可以对自己的口语交际进行录音，然后听录音总结自己个性化的语言风格。

同学们最好跟父母之间做一次交流，然后进行录音，其中有两个要点需要注意。第一，自己一定要尽量放松，让谈话的氛围变轻松，谈论的主题和内容也要轻松，让自己尽情发挥。第二，选择自己感兴趣的话题来谈，能够谈上 10 分钟左右。

当然，通过录音总结谈话者的语言风格，这是一件比较专业的工作，最好由老师指导完成。

第四节：个性化语言训练

语言训练的基本方法是多说、多读、多写。

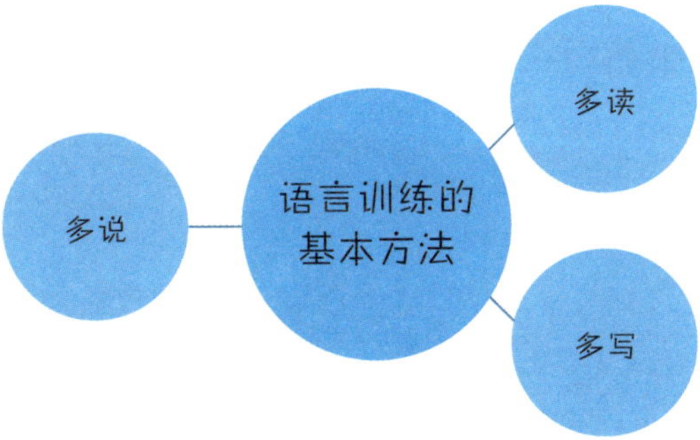

1. 训练一：三分钟演讲

我在课堂上训练同学们口语，并帮助同学们找到个性化语言风格的一个方法，是请同学们做一个三分钟的小演讲，主题为“我有一项兴趣爱好”。为了做好这个演讲，我有如下提示或要求。

（1）同学们从小到大的兴趣爱好可能有很多，先罗列出来，但重点讲其中一个。

（2）讲清楚这个兴趣爱好的来龙去脉，也就是怎么开始的，接着又有什么样的发展，最后交代结局如何。

（3）讲好故事需要讲究“二节”，一个是“细节”，另一个是“情节”。有细节才有感动点，是故事动人之处。情节是一件事情的转折点，有情节才起伏生动。

（4）演讲自然本性最好，同学们一开始会比较拘束，需要解决手脚和眼睛两个方面的问题。初学演讲，直立站好、双手相握背在背后或放在小腹前，双眼要注视听众，也可以慢慢从左向右扫视听众。

2. 训练二：模仿喜欢的作家

文学艺术的初学者都有一个模仿过程，同学们写作文也是一样。同学们课堂内外的阅读，其中一个作用就是帮助学习语言风格。

我会询问同学们喜欢哪些作家，以及喜欢的理由。把这些作家的语言风格和同学们的口语风格进行比对，然后我给他们一些具体建议。

同学们通过模仿自己喜欢作家的语言风格，从中汲取营养，久而久之自己个性化的语言风格便会形成。不过，模仿也有陷阱，一些文学爱好者模仿过头反而失去了自我。

我教过一位男生，他最喜欢的作家是海明威。我便跟他一起一小段、一小段地精读《老人与海》，分析海明威的语言风格。比如开篇第一句：“他是个独自在湾流中一条小船上钓鱼的老人，至今已去了八十四天，一条鱼也没逮住。”大量使用复合句正是海明威语言风格的一部分。我请这位同学写自己当天的一段经历，比如上学路上，模仿海明威复合句的风格。

3. 训练三：针对性专项训练

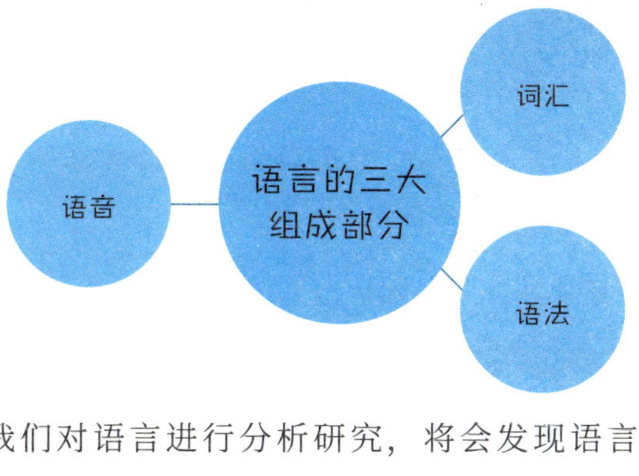

如果我们对语言进行分析研究，将会发现语言其实可以分解成三大部分：一是语音；二是词汇；三是语法。一个人的语言风格，我们可以从这样三个部分去归纳总结。同学们形成自己个性化的语言风格，也可以从语音、词汇、语法三个方面进行专项训练。

（1）有关语音方面的专项训练，我主要训练同学们的节奏感。我比较关注同学们讲话的语速，是快，是慢，还是中等。这项指标常常决定一个人作文语言的音乐性。根据我自己的写作经验，我建议语速快的同学写比较简短的句子，这样念起来更加清楚、明白。同时，我建议语速中等或慢的同学写比较长的句子，包括复合句。以语言的节奏为中心的语感（音乐性），是语言风格的重要方面。

（2）有关词汇方面的专项训练，我主要帮助同学们寻找用词的偏好。词语是有感情色彩的，褒义词、贬义词、中性词代表着好恶之分，同时还有朴实、华丽、冷静、热烈、温馨、刚硬、温和等的区别。一个人对不同感情色彩的词语偏好，也是其语言风格的特征之一。

（3）有关语法方面的专项训练，我的重点不是教同学们语法知识，而是帮助寻找适合其偏好的句式，喜欢短句子还是喜欢长句子，喜欢写一个只有主、谓、宾的句子，还是喜欢用定语、状语、补语进行修饰的句子。

附录 图片

①海豚杯组图

②驼鹿杯组图

③北极熊杯组图

④匡威牌棒球帽组图

⑤美国空军棒球帽组图

⑥香蕉组图

⑦苹果组图

⑧橘子

⑨水果组合一

⑩葡萄

⑪水果组合二

⑫餐具组合一

⑬餐具组合二

⑭家具组合一

⑮家具组合二

捧读文化
触及身心的阅读

全国总经销

出 品 人　张进步　程 碧

特约编辑　孟令堃
封面设计　陈旭麟 @AllenChan_cxl
内文排版　捧读文化 · 冯紫璇

新 浪 微 博

京东专营店

出版投稿、合作交流，请发邮件至：innearth@foxmail.com
了解新书，图书邮购、团购、采购等，请联系发行电话：010-85805570